書き込めば身につく！
小論文メソッド

吉岡友治 | 著

三省堂

はじめに

　このテキストとトレーニングシートは、大学に入ってはじめて論文・レポートを書こうとする人のために作りました。日常生活では日本語でしゃべっていても、日本語で書くという作業はそう簡単にはできません。それは、音声による言語と文字による言語は大きく違うので、それなりの訓練を受けないと、他人が読んで納得できる文章にはならないからです。

　それなのに、日本の中学や高校では「書くための日本語」の授業は極端に少ないのが普通です。小学校で「作文」をいくつか書かされて後は、ほとんど文章を書いていない人も少なくありません。二十年ほど前から、大学入試で「小論文」が取り入れられるところも出てきたのですが、必修でないところも多い。これでは、大学でいきなり「論文・レポートを書きなさい」などと言われても戸惑うのは当然でしょう。

　論文・レポートなどで使われる論理的文章は、自分の感性に従って「自由に」書くものではなく、きちんとした客観的な型があります。逆に言えば、その型にしたがって書けば、誰でもが理解できるレベルになる。だからといって、それはひとりひとりの「個性」をつぶすものではありません。むしろ「個性」をよりよく発揮し、皆に分かってもらうためには、それなりに定められたルールなのです。サッカーを楽しむのには、ルールを守らねばならないのと同じように、文章を理解してもらうには、ルールを守る必要がある。どうすればルールを守りつつ、効果的な文章が書けるか、そのコツを伝授するのが、この本の目的です。

　ここでは、就職の際に必要となる「志望理由書」や「エントリーシート」の形式を使って、まず、テキストで方法を学び、トレーニングシートに書き込んで、練習する。もちろん「自分のこと」を書くのだから、事前の知識・教養は必要ありません。「自分のやりたいこと」をどうやったら、他人が読んで分かりやすくできるのか、その方法を体験的に学ぶのです。順を追って練習していけば、ロジカルで分かりやすい文章を書けるようになります。それは、あなたの人生にとって大きな武器になるはずです。さあ、頑張ってやってみましょう！

目次

はじめに………001

1｜自分を語るにはどうしたらいいか?………004
自己アピール化から論文・レポートへ／「自分」について書く意味／文章の書き方は似ている／
「自分のいいところ」は自分で分かるか?／文章で自己アピールするむずかしさ／
文章を書くのは仕事するのと似ている／自分の欠点も活用してみる

2｜文章の形を整える………010
誰が読み手になってくれるか?／文体は非個性的でよい／文体は入れ物である／中身を良くするための技術／
自分は、相手からちゃんと見えているか?／さらに相手の質問を予想してみる／
応答を考えて、文章語に直す

3｜主語はなるべく軽快にする………016
「デスマス調」でなくていいか?／段落を切って読みやすくする／修飾しすぎない／登場人物とアクション／
シンプルな行動の積み重ね／分かりやすい文を書くコツ

4｜接続コトバを使いこなす………022
読み手にアピールする内容は?／仕事の意味は?／運動部出身は優遇される?／
接続コトバ「そして」はなるべく使わない／3つを比較してみる／適切な接続コトバを使う／
「そして」の代わりに何を使う?

5｜大事な内容は前に出す………028
文章の構造を変える／時間順には書かない／読者の期待にあわせて書く／
テーマのつながりを考える／ポイント・ファーストの概念

6｜自分の興味・関心に意味はあるか?………034
過去よりも将来のイメージを!／将来と結びついた過去／他人へのコミットメント／
今の自分がやれないことでもいい／「好き」の基礎はちゃんと知っていること

7｜問題の大切さを強調する………040
問題を解決する形／問題の重要性を強調する／自分にできるサイズになっているか?／
やれそうなことでないと、人はやらせてくれない／材料を探す／善意だけでは不十分

8｜しりとりの原則で文章をなめらかにする………046
一文は一メッセージが基本／文を整理する／まず、長い文を短くする／
文章を流れるようにする工夫／しりとりの原則

9｜二つの方向から読者を納得させる ……… 052
ロジックはしりとり／理屈を展開する／風が吹けば桶屋が儲かる／理屈だけでは説得力がない／例示を使って説得する／例示の書き方

10｜具体例を編集・整理する ……… 058
論と例の一致／初めから「対応」はできない／具体的にやってみる／それぞれの要素をチェックする／不十分なところはないか？／理屈の方を変えられないか？

11｜将来のビジョンと自分の能力 ……… 064
問題と解決の形を強調する／問題の形は正しいか？／解決にどうつなげるか？／きちんと根拠を説明する／例示して信頼性を高める／多様な方向から検討する／自己アピールから謙虚な姿勢へ

12｜過去のエピソードをどう語るか？ ……… 070
自分と他人の距離とは？／過去に対する他人の興味／志望理由書の書き方・面接での語り方／質問に対処する／面接・志望理由書における過去・現在・未来／レポートを書く場合への応用

13｜過去・現在・未来をつなげる ……… 076
論理的文章には一貫性が必要／エントリーシートの時間構造／志望理由書・エントリーシートの読まれ方／自分という人間を信用させるプロセス／社会化・客観化の大切さ／自分で意味づける／ある程度の編集行為は許される

14｜提出前の最後のチェック ……… 082
自分の文章の良し悪しは判断しにくい／なるべく自分から距離を取って書き直す／スリープ・オーバーと音読と批評／友人に話すのは考えの整理になる／自分で自分の文章を要約してみる／書くことの相乗効果／ぴったりした題名・タイトルをつけられるか？

15｜書いた内容を発表する ……… 088
口頭発表につなげる／言語と文章はまったく違うメディア／『ジュリアス・シーザー』のエピソード／音声と文章のスタイルの違い／話しかける・対話する／視覚補助ソフトを使う／フリップを作る

主要参考文献 ……… 94

あとがき ……… 95

1 自分を語るにはどうしたらいいか？

> **この章で学ぶポイント**
>
> 論理的文章の書き方はみんな似ている
> 他人の方が「私のいい点」を分かっている
> 文章は、仕事と同じ仕組みになっている
> 文章を見れば、だいたい仕事のレベルが分かる
> 欠点も特徴になるかもしれない

⦿ 自己アピール化から論文・レポートへ

　こんにちは。この本では、15回にわたって、論文・レポートの書き方を勉強していきます。「えっ、レポートなんて言われたって、まだボク一年生（一回生）で何も習っていないのに？　何が書けるの？」なんて悲痛な叫びを発する人も出てきそうですね。

　たしかに、論文やレポートは、まず「書くべき内容」が決まっていなければいけません。「大学で何も習っていないのに、何が書けるのか？」というのも、もっともな疑問でしょう。中身がないのに、それを表現することはできませんよね。

⦿「自分」について書く意味

　でも、何も習っていなくても、すぐにでも書けることがあるはずです。そ

1. 自分を語るにはどうしたらいいか？

れはあなた自身のことです。まだ若いとはいっても、少なくとも十何年は生きているのだから、それなりにいろいろな経験を重ねているはずです。その経験を経ることで、自分は今どういう人になったのか、何をしたいのか、何ができるのか、それを他人に説明する。これなら、誰にでも書けるので論理的文章の練習として最適の材料です。

それに、将来いろいろ役に立つはずですよ。たとえば、あなたが大学を卒業して就職するとします。そしたら、最初に、志望理由書とかエントリーシートとか書いて、会社に提出しなければいけません。

その中には「自己アピール」というような項目が必ずあります。自分がどういう人間で、何が得意なのか、どういうことを会社に入ってやりたいのか、くわしく書かなければいけません。いわば就職の第一歩。ここで、書き方をきちんと練習しておけば、きっと三、四年後に役に立つはずです。どうですか？　そう思ったら、ちょっと真面目にやろうという気になりませんか？

◉文章の書き方は似ている

都合の良いことに、論理的文章の書き方はみんな似ています。だから、**書き方が１つ分かると、どれにでもすぐ応用できる**。志望理由書やエントリーシートをきちんと埋められれば、論文・レポートを書くときでも迷いません。逆に、論文・レポートをきちんと書けるようなら、志望理由書やエントリーシートでも苦労しません。だからこそ、企業の側も、志望理由書やエントリーシートを重視して、どのくらい学校で頑張ったか見ようとするわけです。

さて、その手がかりとして巷でよく言われる「自己アピール」とは何か、から考えてみましょう。そもそも「自己アピール」って何をどう書けばい

いのでしょうか？　自分の長所を並べる？　「性格がいい」と強調する？　スキルを宣伝する？　でも、特別なスキルなんてないし、人からとくに好かれるキャラでもない。改めて考えると、「自己アピール」で何を書いたらいいか分からなくなる…。

◉「自分のいいところ」は自分で分かるか？

　とくに「自分のいいところ」は、なかなか分かりません。自分では「ここがいいところかな？」と思っても、周囲の人はそう思わないなんてことはしばしばありますね。そういえば、身の回りに「私は紫が好き！」なんて、自分に似合わない色の服を着つづけている子とかいませんか？　「ああ、あの子は黄緑が似合うんだけどな～」と思っていても、怒るから言わない。結局「センス悪いな」と思われる。とても残念です。こんな風に自分のいい点なんて、そう簡単に分かるものではありません。

課題 1-1 どんなスタイルでもいいから、とりあえず「自分の良い点について」書いてみよう（300-400字）。

　むしろ、他人の方が「私のいいところ」を分かっているかもしれない。だいたい、もし自分のいい点がちゃんと自覚できているのなら、会社が配置転換するときは、まず社員の希望を聞くはずです。でも、「こいつに、こんなことをやらせてみたらいいんじゃないか」というのは、たいていは上司の判断。本人の希望とは関係なく、あるいは希望をあえて無視して、配置転換をすることだって珍しくない。つまり、会社は、本人の判断より「いいところ」を分かっていると考えているのです。

課題1-2 クラスでこのテキストを使う場合は、二人組をつくる。そのうえで、初対面の相手（パートナー）を見て、どんなところが良い点に見えるか、2つ挙げて書いてみよう。

◉ 文章で自己アピールするむずかしさ

　だから「自分のことだから自分が一番よく分かる」なんて言っていられない。そもそも、自分のことが簡単に分かるのだったら「自己アピール」なんかに悩まないはず。いちいち考えないでも、走るなり叫ぶなり、とにかく思いついたことをその場でやってみれば良い。それで「君、面白いね」と言われるはずです。

　でも、現実には、絶対にそうはならない。それどころか、企業は「自分のいい点をよく考えてからエントリー・シートを提出してね」と時間をくれる。つまり、「自分の良さを分かる」ということは、実は大変な作業なのです。そういえば、就職指導では「自己分析」になるべく時間を取りなさい、とよく指導していますね。

　もちろん「面倒くさい！　そんなの、それぞれの自由でいいじゃない？」という人もいるでしょう。でも「自由でいい」と思って書いたことが、的を外していたり相手に気に入られなかったりしたら、やっぱり困る。せっかくなら、なるべく採用されたいというのが人情でしょう。

◉ 文章を書くのは仕事するのと似ている

　実は、文章は、仕事と同じ仕組みになっています。仕事では「こういうことをやってね」と頼まれて「分かりました。こんな感じでどうでしょうか？」と成果を出す。評価されて、次の仕事に結びつく。それが仕事です

ね。文章も同じです。「こういう文章を書いてね」と指示されて、その期待に応えるように書く。それで「仕事をさせるか、させないか」が決まる。仕組みはほとんど同じなのです。

仕事の構造
指示 → 成果 → 評価 → 次の仕事へ

志望理由書とエントリーシートの構造
指示 → 期待に応答 → 評価 → 就職？

　だから、その応答の仕方が変だったら「あれ、もしかしたら、こいつ使えないかな？」って判断されても仕方ないでしょう。とくに、指示をちゃんと守らなかったり、守っていても要求通りのレベルができなかったりしたら、まずいですよね。
　相手から指示されたら、ちゃんと言われたことを期待されるレベルまでやりとげる。できたら、指示された以上にいいものを出す。そうして初めて評価されるのです。

⦿ 自分の欠点も活用してみる
　ときには、相手の期待した通りの内容ばかりでは面白味が少ないので、期待に添いつつも、ちょっぴりサプライズも入れる、なんて離れ業も使ってみたいですね。
　たとえば、自分では「欠点」と思っているところでも、他の人から見たら「えーっ、そこがあなたの面白いところなのに〜」と言われるかもしれない。自分では「グズな性格なんだよな〜」と落ち込んでいても、周りか

1. 自分を語るにはどうしたらいいか？

らは意外にも「あいつはなかなか慎重な奴だ」なんて評価されていることだってあるかもしれない。短所と長所はしばしば裏表なのです。そんなわけで、長所ばかりでなく、自分の短所も書いて自覚しておくことが大切です。後から、それをむしろ長所として述べる手段だって思いつくかもしれません。

課題1-3 自分の短所を3つ挙げて、それを長所として書き直してみよう。

❷ 文章の形を整える

> **この章で学ぶポイント**
>
> 読者にあわせて、読みやすいように文章を書く
> 要求されているのは個性ではなく、可能性である
> 相手からどんな質問をされるか予想して、それに答えるように書く
> 文章は読み手との対話である

◉誰が読み手になってくれるか？

　前回の「自分について」の文章はうまく書けましたか？　「自分について」というタイトルだからといって「あ、自己表現すればいいんだ！」なんて早とちりしないでくださいね。たしかに詩とか短歌なら、自分の状態をありのまま正直に書けばいい。メロディーをつけて路上で歌ったら、あなたの「心の叫び」を理解してくれる人もいるかもしれません。

　でも、残念ながら、この間書いた文章の読者は、そういうタイプの人たちではなさそうですね。志望理由書やエントリーシートの読者は、あなたが入りたいと思っている会社の人事担当者。もしかしたら、文学好きやアート好きな人もいるかもしれません。でも、そうでない人でも理解しやすいように工夫する。**読者にあわせて、読みやすいように文章を書く。**これは文章の基本です。

2. 文章の形を整える

⦿ 文体は非個性的でよい

　会話では「えっとー、私はー学校ではずっとバンド活動をーやってましたー。メチャ面白かったでーす」なんて言ってもいいでしょう。でも、もちろん文章では、そんなわけにはいきません。とりあえず「ー」という長い音は取りましょう。それから「えっと」（感動詞と言います）とか「メチャ」（副詞です）などもちょっと口語的すぎるので取りましょう。

　するとどうなるか？　「私は学校ではずっとバンド活動をやっていました。面白かったです」。ずいぶん簡単になりました。それに分かりやすくないですか？　つまり、文章は、なるべく個人の口調や癖をなくした方が良いのです。個性的でなくてもいいわけ。

　「えー？　自分について書くのに、個性がなくていいの？」そうなんです。文章における個人の口調や癖のことを「文体」あるいはスタイルと言います。みんな「自分のスタイル」にこだわりますが、私たちが書く文章のほとんどは、文体・スタイルにあまり特徴がなくても大丈夫なのです。なぜなら、このタイプの文章では文体・スタイルはたんなる「入れ物」だからです。

課題2-1 課題1-1で書いた文章の口調・文体が口語的だったら、文章的なスタイルに直してみよう。

⦿ 文体は入れ物である

　私の友人のアレックスはロシア人ですが、チベット仏教の信徒でダライ・ラマの弟子という変わり種です。今は、インドに住んでいて、チベット人にタンカという仏教画を教えている人です。

　彼は、最初の仏教の師に「自分とはコップのようなものだ」と習ったそう

です。もしコップが汚れていたら、そこにどんな綺麗な水を入れても濁って見える。どんな美味しいジュースを入れてもまずくなる。だから、まず修行して、自分というグラスを磨いていつも綺麗にしなさい、と教えられたのだとか。

◉中身を良くするための技術

文体もそういうものと考えたらどうでしょうか？ 内容を入れて、綺麗に美味しそうに見せる容器。もちろん、ヴェネツィアン・グラスとか、カットされていたり色がついていたりするグラスもあります。すかしてみると、それはそれで美しい。でも、どんなコップでも、まず綺麗に洗って磨いてなければいけないのは同じです。

我々は成長していくうちに、いろいろなクセを身につけます。でも、個性は単なるクセとは違います。自然に着いたゴミや汚れが、コップの個性とは呼べないのと同じです。むしろ、個性とは、教育を終えて、仕事をして、社会に意味あることをすることで、一生かけて作っていくものです。それが際立っていれば「あなたの個性」として認められるわけです。

就職はそのスタート地点です。だから、**要求されているのはあなたの個性＝クセではない**。もしかしたら、かけがえのない個性になるかもしれないけど、今は可能性でしかないものです。ちゃんと教育を受けていて、ものが分かっていて、言われたことを一生懸命にやる気持ちがあるか？ つまり、とりあえず綺麗なグラスになっているかどうか？ それが問われるわけです。

◉自分は、相手からちゃんと見えているか？

で、先ほどの例に戻ると「面白かった」だけで、中身がちゃんと見えて

2. 文章の形を整える

いると言えるでしょうか？ どういうところが面白かったのか、どういう風に面白かったのか分からないと、その体験の中身は分からないはずですよね。だって、他人は、あなたの心の中は見えないからです。だから、一言二言では伝わらない。**相手からどんな質問をされそうか、予想して、それに答えるように説明してみましょう。**さあ、始めましょう！

「えっとー…」だから！ その「えっと」は要らない。「アタシはボーカルで、××の曲が好きだったんで、そのコピーを主にしてました」××ってどんなグループ？ 「えーっ知らないんですか？ ヴィジュアル系バンドで…」いやいや、私の聞きたいのは君が好きなグループの話じゃなくて、そのバンドを好きな君のことなんだけど。

「私は、高音の声が好きです」どうして？ 「何か…」何かはいいから。「限界を突き抜けていくようなやったーって感じがするんですよね」なるほど。「で、自分でもそういう曲を歌いたいなって思って」調子が出てきたね。でも「やったー」はやめようね。

| 読み手の質問を予想する | → | 質問に応答するように書く |

◉さらに相手の質問を予想してみる

「大学二年の時にバンドを作って、とりあえず好きなバンドのカヴァーから始めたんですけど、だんだん自分でも曲を作りたいなって思って」へえー、歌うだけじゃなくて作曲もするの？ 「なので、楽譜はあんまり読めないんですけど。ギターでコードとか弾いて、あーとかうーってうなっているうちに、ひょっといい文句が浮かんだりするんです」歌詞ができるわけね。

そうやっていつも最後まで作るの？ 「いえ、ワンフレーズかツーフレー

ズできたところで、皆の前でやってみるんです」皆って？　「バンドのメンバーたちです。全部自分で作っちゃうより、ある程度できたところで、皆に聞いてもらう方がいいんですね」へえー、なぜ？　「自分が思ってもいない方向に変わっていく場合が多いからです。バンドやっている楽しさってそれですよね」なるほど。

課題2-2「私について」について、パートナーに質問を3個考えてもらい、その質問を箇条書きにしよう。

◉応答を考えて、文章語に直す

　……とこんな調子で、読者が読んでいくうちに、どんな反応や疑問を持ち出してくるか、予想しながら応答して書いていく。論理的だったり説明的だったりするタイプの文章では、それが、主な流れになっていくわけです。

　さて、以上のやりとりを、「なので」などの口語表現を整理して、文章的な表現に直すとこんな調子になります。

　私は学校ではずっとバンド活動をやっていた。きっかけはあるグループの歌声を好きになったことだ。高音のシャウトするような声で、聞くたびに、自分が限界を突き抜けていくような気持ちになって心地いい。そこで、そのグループのコピーから始めたのだが、そのうちに自分でも曲を作るようになった。楽譜は読めないが、ギターでコードを弾いているうちに、いい文句が浮かぶので録音しておく。それをためておいて、ワンフレーズかツーフレーズできたところで、バンドのメンバーの前でやってみる。全部自分で作るより、メンバーの意見を

2. 文章の形を整える

> 募った方が、自分が思ってもいない方向に変わる。その楽しさが、バンド活動の本質にあると思う。

ずいぶん感じが分かるようになってきました。こんな風に相手の質問に答えるように書くと、自分のことが説明しやすくなってきませんか？ **文章は自己表現ではなく、相手との対話からできあがっている**のです。自分にとって当たり前のことでも、相手にとってはそうでないことも多いのです。

だから、相手が理解できるように工夫して言葉や内容を選ぶ。そうしているうちに「あ、これも言わなきゃ」「あれも言っておいた方がいいかも」と発想が広がり出します。「サイコーの自分を伝えよう」なんて力まずに、分からない人に「私のことを教えてあげる」というスタンスでいいのです。

課題2-3 パートナーからの質問に答える形で「自分について」を説明し直そう。

③ 主語はなるべく軽快にする

> **この章で学ぶポイント**
> 内容をたくさん書くには「ダデアル調」を使う
> 段落とは意味のまとまり・区切りである
> 人間の体験は、登場人物と行動で表す

⦿「デスマス調」でなくていいか？

　え？　前回書いた文章は「デスマス調」になっていないって？　たしかに、ていねいに書くときは「デスマス調」で書きなさいと、学校では教わることが多いようですね。会社に出す文書だから、「デスマス調」にした方が良い、とみんな思うみたいです。

　だけど、必ずしもそんなことはありません。話し言葉では「デスマス調」にした方がいいのですが、書き言葉では、必ずしもそうではないのです。前にも説明したように、文体は容器。敬意を表したいなら、文体に頼らず、中身で勝負した方が良い。ためしに、P.14の文章を「デスマス調」に直してみましょうか？

　　私は学校ではずっとバンド活動をやっていました。きっかけはある

3. 主語はなるべく軽快にする

> グループの歌声を好きになったことです。高音のシャウトするような声で、聞くたびに、自分が限界を突き抜けていくような気持ちになって心地いいのです。そこで、そのグループのコピーから始めたのですが、そのうちに自分でも曲を作るようになったのです。楽譜は読めないのですが、ギターでコードを弾いているうちに、いい文句が浮かぶので録音しておきます。それをためておいて、ワンフレーズかツーフレーズできたところで、バンドのメンバーの前でやってみるのです。全部自分で作るより、メンバーの意見を募った方が、自分が思ってもいない方向に変わっていきます。その楽しさが、バンド活動の本質にあると思います。

　ありゃ、文章は一行増えて字数も10%ほど多くなっちゃいましたね。なるほど、ていねいな感じは少し増したようですけど、文章もなんだかモタモタしています。どちらで書いてもいいのですが、**内容をたくさん書こうと思ったら、「ダデアル調」で十分**です。

　それに練習を進めるうちに「書く内容が足りない！」という悩みはなくなります。むしろ「書きたいことはいっぱいあるのに、スペースが足りない！」と悩むはずです。逆に、そうなるくらい練習を積まないと、いい文章は書けないと思ってください。その意味から言っても「デスマス調」は不利なのですね。

課題3-1 課題2-3で書いた「自分について」が「デスマス調」なら「ダデアル調」に書き直そう（あるいはその逆）。

⦿ 段落を切って読みやすくする

　それより大事なのは、文章に段落をつけることでしょうね。段落ってなんだか知っていますか？　**段落とは意味のまとまり・区切り**です。この文章なら「作曲を始めた」ことが大事なポイントですね。他人の曲をなぞるだけではなくて、自分の創造的能力をアピールできるところです。前のコピーバンドの活動とは明らかに違う内容です。だから、そのあたりで段落を区切りましょう。

　　私は学校ではずっとバンド活動をやっていた。きっかけはあるグループの歌声を好きになったことだ。高音のシャウトするような声で、聞くたびに、自分が限界を突き抜けていくような気持ちが心地よく、そのグループのコピーから始めた。
　　だが、そのうちに自分でも曲を作るようになった。楽譜は読めないが、ギターでコードを弾いているうちに、いい文句が浮かぶので録音しておく。ワンフレーズかツーフレーズできたところで、バンドのメンバーの前でやってみる。全部自分で作るより、メンバーの意見を募った方が、自分が思ってもいない方向に変わる。その楽しさが、バンド活動の本質にあると思う。

　ずいぶん、すっきりした感じがしませんか？　これなら、とりあえず事情を知らない人に見せても分かりやすいでしょう。

⦿ 修飾しすぎない

　ところで、前問の話し言葉から書き言葉への書き直しはうまく行きましたか？　もしかしたら、文章にしなきゃと思って気張りすぎて、こんな文

3. 主語はなるべく軽快にする

章になっちゃった人はいませんか？

> 学校でバンド活動をやっていたきっかけは、高音がシャウトするような××グループの歌声を聞いて、自分の限界を突き抜けていくような感じの興奮を味わったことが始まりだった。そして、そのグループの楽曲コピーから始めたのだが、しだいに曲を作る楽しみというものにも目覚めたのだった。楽譜は読めない私がギターでコードを弾いていると、ときどきいい文句が浮かんで録音しておいて、ある程度たまったところで、バンドのメンバーの前でワンフレーズかツーフレーズを歌って皆の意見を募った方が、全部自分で作るより最初に思ってもいない方向に変わってくる楽しさが、バンド活動の本質にあるようだ。

書いている内容は変わらないのですが、読んでいるうちに「リキ入っているけど、なんだか面倒くさい文章だな～」って感じがしてきませんか？これには、いくつかの原因があります。

課題3-2 上の文章はどこが良くないか？　2点指摘してみよう。

◉登場人物とアクション

　まず名詞（人物や名前を表す言葉ですね）の前の修飾部（くわしく説明する言葉）が長すぎます。文章を書く場合の基本的な情報は「誰が出てきて、何をするか」です。自己アピールでは、まず「私」という登場人物が出てくるのが普通です。「この『私』ってどんな人かなー」とじっと眺めていると、何か行動（アクション）する。それを見て「あっ、こういう人なのか！」と分かる。そんな風に、**人間の体験の仕方は、登場人物と行動という順番になっ**

ています。

　ところが、ここでは、なかなか登場人物が出てきてくれません。その前に「学校でバンド活動をやっていた…」という長たらしい言葉を読まなければならない。その後も「…きっかけは」と話は続く。たぶん、これは「私」のことだろうと思うけど、最初から「私」が出てきた方が分かりやすいと思いませんか？

　しかも「私がどうした？」の「どうした」のところは、次を読んでもまだはっきりしてきません。「…を聞いて…」。え、何を聞くの？ 「…の興奮を…」え、どういう興奮？ 「始まりだった」。何の始まり？　間にいろいろなものが挟まっているので、つねに読み／聞き逃したような気がしてしまう。**文は、主語の後になるべく早く述語が来た方がいいですね。**

> **課題3-3** 自分やパートナーの文章に同様な欠点がないかどうかチェックして書いてみよう。

⦿シンプルな行動の積み重ね

　私たちは、つい、1つの意味のつながりを1つの文で書こうとしてしまいます。でも、それだと、とても分かりにくい。1つの意味のつながりであっても、とりあえず「誰が何をする」という文をいくつか積み重ねていく方がいいのです。読んでいる方も、いくつかの行動がつながっていくにつれて、だんだん理解が深まる方がずっと分かりやすい。

　でも、書き慣れていないと、つい1つの文で全部を一気に表現しようとする。そのうちに、最初の主語を忘れて、妙な述部を書いてしまう。例文の冒頭でも「きっかけは」と始めているのに、最後にもう一度「…始まりだった」と書いている。ここは、もちろん「…だった」だけでいいはずで

3. 主語はなるべく軽快にする

すね。このように、文が長いと間違いも多くなるのです。

「楽譜は読めない私が…」から始まる後半の文は、そういう欠点がもろに出ていますね。「ギター…録音…意見…楽しさ…本質」とどんどん話題になっていることが変わっていって、「…活動の本質にあるようだ」と結ばれる。もちろん「私が…本質にあるようだ」とつないでみれば、おかしなことは一目瞭然。そうならないためには、少なくとも**初歩のうちは、あまり文を長くしないようにしましょう**。

◉ 分かりやすい文を書くコツ

さて、ここまでで分かったことをまとめてみましょう。

> **分かったこと**
>
> 名詞は飾りをとって身軽にする
> 名詞にはなるべく早くアクションさせる
> ひとつながりの意味でもいくつかの文に分ける
> 初歩のうちは、あまり長い文にしない

これらのことに気をつければ、ずいぶん文章は読みやすくなるはずです。

課題3-4 以上の原則に基づいて、課題3-1の文章を書き直してみよう。

4 接続コトバを使いこなす

> **この章で学ぶポイント**
>
> 書いた内容を仕事につなげて、意義を強調する
> 何か「他人のため」になるのなら、仕事と結びつく
> 接続コトバは積極的に使った方が良い
> 「そして」を使わず、明確な文章を書く

⊙読み手にアピールする内容は？

　前回までの「自分について」の文章の書き直しはうまくいきましたか？ 今日は、書き直しだけではなく、もっと先まですすめていきましょう。P.18の例文の最後を覚えていますね。

> …全部自分で作るより、メンバーの意見を募った方が、自分が思ってもいない方向に変わる。その楽しさが、バンド活動の本質にあると思う。

　もちろん、これで「自分について」というタイトルには合っている内容なのですが、読む人のことを考えると、ちょっとアピール度が足りない気がしませんか？　だって、いくらバンド活動が楽しくとも、それで会社の

4. 接続コトバを使いこなす

人が「うん、この人を採用しよう！」と思うでしょうか？

会社は別にバンドのメンバーを雇いたいわけではないでしょう。どういう体験を持った人であっても、会社で一緒に働ける人を求めているわけです。だとしたら「バンド活動の楽しさ」で終わるのではなく、それが、**会社で働く**ことにもつながることを示した方がいいでしょうね。

課題4-1 課題3-4で直した「自分について」の最後に「会社で働く」ことにもつながる意味づけを行ってみよう。

たとえば、上の例文で「会社で働く」ことへのつながりをつづけて書いてみると、以下のようになります。

> …全部自分で作るより、メンバーの意見を募った方が、自分が思ってもいない方向に変わる。その楽しさが、バンド活動の本質にあると思う。
>
> 　そして、これは会社での仕事の場面でも共通していると思う。自分の担当をしっかりやるのは大事だが、それだけでなく、周囲の人の意見や参加を求めることで、ものごとはより複雑さを増し、自分だけでは思いもかけなかった方向に転がり出す。共同作業の楽しさを経験できた点で、バンドの活動は有意義であったと思う。

⦿ 仕事の意味は？

仕事は自己表現や自己実現のためだけにすることではありません。何か他人のために役に立つことをすることです。だから「ありがとうね！」とお金をもらえる仕組みになっているわけ。ここの「バンド活動」も自己表

現のためにやっているだけなら、仕事とは結びつきません。しかし、**何か「他人のため」になるのなら、仕事と結びつくはずです。**

　では、どうするか？　ここでは、共同作業の経験を強調してみました。仕事はだいたい個人作業ではなく共同作業なので、たとえバンド活動でも、そういう作業の勘所が分かっているのならば、会社での仕事にも応用できるはずです。

⦿ 運動部出身は優遇される?

　よく、就職では運動部出身が優遇されると言いますね。これは、運動部出身だと、上級生・下級生という上下関係に慣れているので「会社に入っても、上司の言うことを聞くだろう」という意味があります。体力もあるから、多少きつい仕事でも、文句を言わずに働いてくれるだろう、なんて判断もあるかもしれない。

　でも、そういうことなら、バンドでの経験でも**仕事につながる意義を強調する**ことができたら、運動部とは違った意味で評価されるかもしれません。そこで得た経験が会社のあり方とどこか共通しているなら、文系の同好会であろうが芸術系であろうがいいはずです。

⦿ 接続コトバ「そして」はなるべく使わない

　さて、今付け加えた部分ですけど、「そして」が冒頭に付いていますね。皆さんが文章を書くときに、この「そして」を使うことがすごく多い。「そして…そして…」と延々とつなげていく人もいます。でも「そして」はなるべく使わない方がいいですね。なぜかというと「そして」を使うと何となく意味がぼやけてしまうからです。ちょっと次の例文を見てみましょう。

4. 接続コトバを使いこなす

> 1. 雨が降った。そして私は出かけた。
> 2. 雨が降った。だから私は出かけた。
> 3. 雨が降った。しかし私は出かけた。

課題4-2 これら3つの意味はどう違ってくるか？ パートナーに3分以内でプレゼンしてみよう。

◉3つを比較してみる

　まず2から見てみましょう。「雨が降った」ことと「出かけた」ことの関係は、どうなっていますか？ 「雨が降った」ことは「出かけた」ことと密接な関係があります。「雨が降った」ので、道が土砂に埋まっていないかと確かめに「出かけた」なんて場合ですね。**あるいは、**「雨が降った」こと自体が楽しかったので、濡れるのもかまわず、わざわざ「出かけた」とか。

　それに対して、3はどうでしょう？ 「雨が降った」ことは「出かける」ことを邪魔するような関係になっていませんか？ 「雨が降った」から、本当は出かけたくなかった。でも、どうしても行かなければならない用事があったので、仕方なく「出かけた」。そんな感じがします。

　では、1はどうか？ 「雨が降った」ことは「出かけた」ことにどう影響しているのでしょうか？ 「雨が降った」のが良かったのか、悪かったのか？ よく分かりませんね。もしかしたら「雨が降った」ことなんか関係なくて、無視して「出かけた」のかもしれない。どの場合でも「そして」は使える。でも、そのどれなのか、読んでも分からないのです。

　つまり「そして」では、前から後に必ずつながるわけでも、前と後が対立するわけでもない。何となくあいまいにボンヤリと2つの文をつなぐ。

025

これでは、あまり「そして」を使う意味はないですね。英語では「そして」に当たる単語は**And**ですが、英語の論文作法では「**And**を文頭にたてるな」という規則があります。**実際、**上の例文で「そして」を省略しても何も意味は変わりませんね。

> …全部自分で作るより、メンバーの意見を募った方が、自分が思ってもいない方向に変わる。その楽しさが、バンド活動の本質にあると思う。
>
> これは会社での仕事の場面でも共通していると思う。自分の担当をしっかりやるのは大事だが、それだけでなく、周囲の人の意見や参加を求めることで、ものごとはより複雑さを増し、自分だけでは思いもかけなかった方向に転がり出す。共同作業の楽しさを経験できた点で、バンドの活動は有意義であったと思う。

⦿ 適切な接続コトバを使う

谷崎潤一郎という小説家は「文章読本」の中で「接続詞はなるべく使わない方がいい」と書いていますが、**接続コトバは道路標識のようなもので、積極的に使った方が良い**のです。その方が、文章がこの先どうなっていくか、予測がつくからです。たとえば…なんて書いたら、読む前から、この先に何か具体例が書いてあると分かるから、心の準備ができる。だから、読むのが楽になるのです。

この章の後半でも、「まず」「あるいは」「それに対して」「では」「つまり」「実際」などが使われています。「まず」で、これから述べる内容がいくつか並べられる第一番目であることを示し、「あるいは」でもう1つの考え方を感じさせ、「それに対して」では反対の内容を述べ、「では」のとこ

4. 接続コトバを使いこなす

ろで話題を変える。さらに「つまり」でまとめて、「実際」で例を出す。接続コトバがあるおかげで、次にどういう内容が来るかだいたい予想がつく。だから、積極的に使った方がいいのです。

◉「そして」の代わりに何を使う？

　もちろん、実際に文章を書いているときは、「そして」を使いたくなったら使えばいいのです。書くときに、あまり「これをしてはいけない」「あれをしてはいけない」と考えすぎると、先に進めなくなります。ただし、全部書いてから、「そして」は別な接続コトバに書き換えましょう。

　もし、付け加えの意味だったら「さらに」を使えばいいし、前が原因で後が結果の関係なら「だから」や「したがって」を使いましょう。この「そして」は何の接続コトバに書き換えられるか、と考えていくと、文章はよりクリアになります。つまり、**「そして」が残る文章は、もっと明確に書き換えられる**。逆に言えば、文章からは原則的に「そして」は追放できるのです。さあ、あなたの書いた文章に「そして」が残っていないかどうか、チェックしてみましょう。そして、それを書き換えるのです。そうすれば、あなたの文章はもっと良くなるはず。

　…ところで、前の段落でも「そして」があることに気づきましたか？　この「そして」は、どんな接続コトバに書き換えられるでしょうか？　たとえば「そのうえで」あるいは「それから」。どちらも、１つのことが終わってから次が始まる、という意味を表す言葉です。

課題4-3 自分とパートナー両方の「自分について」の文で、接続コトバが効果的に使われているか、チェックして、良くないところを書き直そう。

5 大事な内容は前に出す

> **この章で学ぶポイント**
> 段落や文章の構造自体を変えることで分かりやすくする
> 文章は、読者の期待にあわせて書く
> 大事な内容はなるべく前に出して書く
> 言いたい内容は繰り返し出てくる

⦿ 文章の構造を変える

　分かりやすい文章を書くコツは、修飾部を短くしたり適切な接続コトバを使ったり、など一文の中で表現上の工夫をするだけではありません。**段落や文章の構造自体を変えなくてはならない場合**が出てきます。

　　私は小学校の時にクラブチームに加わり、それ以来十二年間中学・高校と一貫して野球を続けてきた。小学・中学の頃は一塁手として、チームに貢献したけれど、高校に入ってからは投手としてチームに貢献し、後輩達を引っ張ってきた。
　　高校に入ると、練習はさらに厳しく、走り込みや筋肉トレーニングなどは中学校の数倍の量をこなした。私達投手は、更に人一倍走り、一日が走り込みだけで終わることもある。冬も川沿いを何キロも往復

5. 大事な内容は前に出す

> し、足腰を鍛えた。私は自転車登校なので、冬場は四十分間寒風の中で自転車を漕ぐという厳しい試練もあるが、常に勝つことをイメージして、体力・精神力を強化した。
>
> 　厳しい練習が続く中で私が辞めることを考えなかった理由は「勝つ喜び」を知っていたからだ。私が高校一年生のとき、初めての登板の前に監督が「勝ち負けは意識しないで課題を見付けて次の試合に生かせるようにしなさい。」と助言してくださったことで緊張がほぐれ、試合も良い結果に終わり、そこで初めて「勝つ喜び」を実感した。このときに、私は、野球の楽しさを知ったのだと思う。

　自分の運動部経験を述べている文章ですが、一読してどんな感想を抱いたでしょうか？　たしかに、文章表現が悪いところはあまりないと思います。でも、何となくもたもたしている。何がいけないんでしょうか？

⦿ 時間順には書かない

　自分の体験は時間の流れに沿って起こります。だから、体験は、つい起こった順番で書きたくなる。それが自然な順序だと感じるわけです。でも、読む人にとっては、この順序は必ずしも「自然」ではありません。

　他人が、あなたの過ごした時間を理解したいと思うのは、特別な場合です。普通は、結果にしか興味がない。たとえば、会社の人が興味を持つのは、あなたの少年時代ではなくて、「今、君は何が出来るの？」でしょうね。過ごしてきた時間そのものではなくて、その時間を経て今達成できていること、これから達成できそうなことは何か、などに興味があるわけです。過ごしてきた時間に興味が出てくるのは、達成できていることにどう役立ったか、を知りたいと思ったときだけです。

とすると、冒頭の部分では、小学・中学での体験は最小限にとどめ、野球をやってきたことで何を学んで、何が今できるようになったか、を書くべきでしょう。つまり、**まず現在を先に書き、それからそれをどうやって達成してきたか**、という過去についての説明を後から付け加えるのです。

> 　私は小学校以来十二年間、一貫して野球を続けてきた。その活動で学んだのは、苦しいときでも仲間との団結があるから乗り切れるし、ビジョンを持てば精神力で頑張れるということだ。
> 　とくに、高校の練習は厳しく…（以下、高校で「頑張った」内容を説明）

◉ 読者の期待にあわせて書く

　長く「野球を続けてきた」とさらりと述べて、それから学んだこととして「苦しいときでも仲間との団結があるから乗り切れる」と「ビジョンを持てば精神力で頑張れる」の２つを挙げました。これで、読む方としては、あなたが何をできそうか見当がつくでしょう。他人は忙しいからメッセージを手っ取り早く知りたがる。だから、重要な内容を初めに書いておいた方が良いのです。

　文章は、読者の期待にあわせて書くことが大切です。上のような第一段落を書いたら、読者は何を期待するでしょうか？　「仲間との団結とビジョンを持って頑張る精神力」とはどういうもので、どんな風に養われてきたのか、知りたくなるのではないでしょうか？　だから、まず「仲間との団結」がどういうものだったか、について説明していきましょう。

> 　私は小学校以来十二年間、一貫して野球を続けてきた。その活動で学んだのは、苦しいときでも仲間との団結があるから乗り切れるし、

5. 大事な内容は前に出す

> ビジョンを持てば精神力で頑張れるということだ。
> 　とくに、高校の練習は厳しく、走り込みや筋肉トレーニングなどは中学校の数倍にもなった。私は投手だったので、人一倍走り、一日が走り込みだけで終わることもあった。冬も川沿いの道を何キロも往復し、足腰を鍛える。こんな練習の中でも辞めようと考えなかったのは、つねに仲間から声をかけられ、励まされたからだ。(たとえば…)

　どうでしょう？　まず「苦しいとき」は「川沿いの道を何キロも往復」などとあるので、その苦しさはイメージできるはずです。ただ「仲間との団結」がどういうものかは、何も書いていないので、内容を足していく必要があります。最後に「たとえば…」を付け加えて、「仲間との団結」の様子が分かる例を出しましょう。

課題5-1「たとえば…」以降に200字以内で例を書いてみよう。

⦿ テーマのつながりを考える

　それでも、これでは話の半分にしかなりません。なぜなら、例を出しても、それは「苦しいときでも仲間との団結があるから乗り切れる」としか対応しないからです。最初に書いたように、野球から学んだこととしては、もう1つ「ビジョンを持てば精神力で頑張れる」があるはずだから、それについてもう1つ段落を付け加えなければなりません。つまり、次のような構成になります。

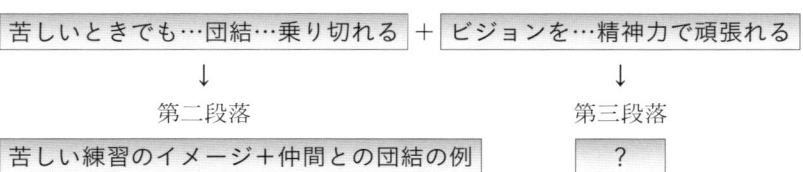

　第三段落は、次のような内容はどうでしょうか？　説明すべきは「ビジョン」「精神力」などでしょう。

> 　また、漫然と練習するのではなく、常に勝つことをイメージして、目的意識を持つように気をつけた。だが、試合で勝とうとすると、かえって力みが出てくる。むしろ、練習で全力を尽くし、試合ではリラックスして流れに任せる。初めての登板の前に、監督が「勝ち負けは意識しないで、自分なりの課題を見付けて次の試合に生かすようにしなさい。」と助言してくれたことで、緊張がほぐれ、いつもの通りリズムよく投げることができた。

　元の原稿とは、少し内容が変わってきていることに注意してください。これは、最初に書いた「野球から学んだこと」の内容に合わせるためです。つまり、起こったことをただつなげていくだけではなく、それを抽象化したことで、それに対応する体験を記憶から引っ張り出してこなくてはならなくなったのです。

◉ポイント・ファーストの概念

　つまり、最初に２つのポイントを述べたからには、その説明や例示も２

5. 大事な内容は前に出す

つなければならない。1つだけしかなかったら足りないし、3つも4つもあったら過剰になる、と気がつかなければいけないのです。

　　私は小学校以来十二年間、一貫して野球を続けてきた。その活動で学んだのは、苦しいときでも**仲間との団結**があるから乗り切れるし、**ビジョンを持てば精神力で頑張れる**ということだ。
　①とくに、高校の練習は厳しく（中略）…こんな練習の中でも辞めようと考えなかったのは、つねに**仲間から声をかけられ、励まされた**からだ。たとえば…（例略）
　②また、漫然と練習するのではなく、つねに**勝つことをイメージして、目的意識を持つ**ように気をつけた。ただ、試合で勝とうとすると、かえって力みが出てくる。むしろ、練習で全力を尽くし、試合ではむしろリラックスして流れに任せる。初めての登板の前に、監督が「勝ち負けは意識しないで、自分なりの課題を見付けて次の試合に生かすようにしなさい。」と助言してくれたことで、緊張がほぐれ、いつもの通りリズムよく投げることができた。

　第一段落の「仲間との団結」は、第二段落で似たような表現「仲間から声をかけられ…」に、「ビジョンを持てば精神力で頑張れる」は、第三段落で「目的意識を持つように気をつけた」と言い換えられる。まずシンプルに出てきた内容が、後からくわしい説明に枝分かれする。これを「ポイント・ファーストの原則」と言います。**文章は大事な内容を先に出して、後からそれをくわしく分かりやすく説明・例示する構造になっている**のです。

課題5-2 **自分の長所と弱点というタイトルで文章を作ろう**（400〜600字）。

❻ 自分の興味・関心に意味はあるか？

> **この章で学ぶポイント**
>
> 意欲は、将来のイメージを明確化することから見える
> 過去は、将来のイメージを選択するために呼び出されてくる
> やりたいことは理由でサポートする
> 「好き」の基礎はちゃんと知っていることである

◉過去よりも将来のイメージを！

　ここまで書いてくれば「自分が過去にやってきたこと」は少しはっきりしてきたと思います。我ながら、なかなかよくやってきたなと自分をほめたい人もいるだろうし、もう少し頑張ったら良かったな、と後悔する人もいるかもしれません。人生いろいろですね。

　でも、人間の価値は過去だけで決まるわけではありません。むしろ大事なのは将来です。過去にはいろいろ不満があっても、将来が充実していれば、それでいいはず。その方が「昔はやんちゃだったけど…今は…」なんて裏話ができるかもしれませんね(笑)。

　でも、将来を充実させるには、まず「やりたいこと」がちゃんとなければいけません。それがないと、時間に流されるままになって、はっと気がついたら年寄りになっちゃった、ということになりかねない。よく「少年

6. 自分の興味・関心に意味はあるか？

老いやすく、学なりがたし」とか言いますよね。これは、ぼーっとしていると人生なんかあっという間に終わっちゃうよ、という意味。

| 将来を充実させる | ＝ | 「やりたいこと」をイメージする |

　人生を、手応えを持って生きるには、まず「これからやりたいこと」（目標）をイメージしていなくてはいけません。もちろん、そのイメージは、今実現できなくてもいい。うまくいかないかもしれないけど、自分としてこういう夢を持っているとか、こういうことがやりたいというイメージがあれば努力も勉強もできるものです。

　それどころか、たとえ「やりたいこと」を実現するのに失敗しても、その「やりたい」イメージはずーっと自分に残り、「あきらめる」にしろ「トライし続ける」にしろ、その後の自分の生き方や行動を左右します。つまり、**意欲とは、将来のイメージを思い描くことから見えてくる**。だからこそ、他人は、過去よりもそういう意欲を重視するのです。

　課題6-1「自分のやりたいこと」を3つ挙げて書いてみよう。

⦿将来と結びついた過去

　そもそも、人間は理由もなく過去を振り返るわけではありません。むしろ、「これからどうしようかな？」と考えるときに、自分の過去を振り返ります。たとえば、就職しようというとき「自分に向いた仕事はなんだろう？」と考えます。そのときに、自分は何がやれるだろう、何ができたのだろう、と過去のことを振り返る、つまり、**過去は、結局、将来のイメージを選択するときに呼び出されてくる**ものなのです。

| 将来を選択する | → | 過去を呼び出す |

　だとしたら、何かやりたいと思ったら、もうちょっと説明できるはずですね。とくに他の人が聞きたいのは「なぜ、それをやりたいと思ったのか？」という理由です。なぜなら、それを聞けば、だいたいその人の「やる気」のありかが分かるからです。たとえば「…お金が欲しかったから」。これじゃダメ。お金が欲しいだけで、その仕事の内容が好きでないとすぐ分かる。むずかしい仕事を振ったら割が合わないからと逃げかねない、少なくとも、あまり熱心に仕事をやりそうにない人だな、と読んだ人は感じるでしょう。

　じゃあ、これはどうか？　「銀行だと、毎日、お金に触れることができそうだから」…危なすぎる。お金が大好きなのは分かりますが、それだけの動機ではいつか横領なんかしそうですね。とてもじゃないけど、銀行の人はあなたを就職させようなんて思わないでしょう。好きでないことがばれちゃいけないし、好きだけでもうまくいかないし、「なぜ、それをやりたいと思ったのか？」を書くのは意外にむずかしいわけです。

課題6-2 なぜ、興味・関心を持ったか？　その理由を説明してみよう。

◉ 他人へのコミットメント

　前にも書きましたが、私たちがここで書いているのは、自己表現や心情描写ではありません。むしろ、相手との対話です。とくに自分のやりたいことでは、自分が何かすると他人や社会に影響を与える。自分が参加することで、何か社会に良い影響を与えられるから仕事になる。だから、その対価として感謝もされるし、お金ももらえる。そういう仕組みになってい

6. 自分の興味・関心に意味はあるか？

るのです。たんなる自分の趣味や嗜好の延長ではないのです。

　もちろん、趣味や嗜好がそのまま仕事につながるのは幸せなことでしょうが、結構レアなことだし、時間もかかります。それより、人の役に立ちそうなことの中で、自分が飽きずにできそうなものを選ぶ方が早いかもしれませんね。少なくとも就職をしようと考えるからには、とりあえず今あるものの中から、自分でも飽きずに努力できそうなものを選ぶしかありません。

　実際、世の大人たちだって、そんな風にしてやっているうちに「あ、これが自分の本来の仕事かも…」と気づくということが多い。結局、**仕事とは、他人と関わること**であり、自分の好き嫌いとは別なのです。

課題6-3 何か1つ仕事を挙げて、どんなところが面白そうか、3つ挙げて書いてみよう。

⦿ 今の自分がやれないことでもいい

　もちろん、やりたい内容は今の自分がやれないことでもかまいません。この頃よく「即戦力」なんて言いますが、どんな仕事でも、仕事についたその日から「即戦力」として役立つなんてことは滅多にあるものではありません。

　たいていの場合は、その仕事に必要ないくつかの能力・スキルは満たしているけど、まだまだ十分ではない、ということがほとんどでしょう。逆に言うと「ここまではできるけど、これが今できない」ということがはっきりすれば「これを学びたい」とか「こういう方面で努力したい」という目標や意欲も出てくる。

> **課題6-4** 「やりたいこと」は今の自分にやれそうなことか？ やれるとしたら、どうしてそう思うか？ やれないとしたら、何が足りないか？ どうすれば、その能力が身につくか？ 考えて書いてみよう。

◉「好き」の基礎はちゃんと知っていること

　さらに「ここまではできるけど、これが今できない」と言えるためには、その仕事をするには何が必要であるかを理解していなければなりません。ということは、その仕事に興味を持ち、いろいろ調べてみたり、人から話を聞いてみたりしたことがある、ということを暗示します。

　そういう伝聞体験は不完全なものかもしれませんが、そういうことが書けるということだけでも、少なくともいい加減な気持ちではないと読む方は感じる。つまり、**その仕事を好きかどうかは、それについて、事前にどれだけ調べられるか、イメージを膨らませられるかで決まる**わけです。

　　好きである　＝　内容をどれだけ知っているか、調べられるか

　仕事も、恋愛と同じで「一目惚れ」だけではうまくいきません。自分の思い込みで好きになっても、だんだん事情が分かってくると「こういうところはいやだな」「あれはちょっと困りものだな」などという不満が出てくる場合が多い。それでも、最初のイメージがあまりにも強烈で、そういう困難を乗り越えさせてくれるのならいいのですが、たいていは「幻滅した〜」となってしまう。

　そうならないためには、どんな仕事なのか、その仕事にどんな意義があるのか、面白さはどこにあるのか、どんなスキルが要求されているのか、自

6. 自分の興味・関心に意味はあるか？

分にできる種類のことなのか、できないとしたら今何が欠けているのか、これからどうすればいいか、など、こまごまと考える必要があります。そんな風にいろいろと考えるプロセスで、その仕事に対する愛も深まってくるかもしれません…。それに、そんなことを考える今の自分とはどういうものか、自分についての認識も変わってくると思いますよ。

課題6-5 今までの要素をなるべく取り入れて、800字以内で「自分のやりたいこと」を書いてみよう。

7 問題の大切さを強調する

> **この章で学ぶポイント**
>
> 「やってみたいこと」は問題と解決の形で書く
> 放っておくと大変になる／解くと良いことになりそう
> 今の自分には、何ができそうかも検討する
> 今までの活動・経験とやりたいことの接点を見つける

◉ 問題を解決する形

　前回の「やりたいこと」はうまく書けましたか？　この章では、その文章をさらにブラッシュ・アップする方法を考えましょう。まず、自分の**「やってみたいこと」は、問題と解決の形で書く**と明確になります。社会には、いろいろ解かれていない問題があります。それを解決することができれば、皆のためにもなる。

　自分の「やってみたいこと」がそういうものでないと、せっかくやっても誰もほめてくれません。それどころか「何でわざわざやったの？」「何でよけいなことをするの？」と言われかねない。仕事は他人のためにやることです。誰かが困っていることを解決することで、その人が助かったり状態が良くなったりする。だから、「ありがとう」と感謝され、お礼をもらえるのです。

　皆が困っている問題　→　自分が解決する

7. 問題の大切さを強調する

課題7-1 皆が困っている問題を1つ考え、なぜ・どのように困っているか、考えて書いてみよう。

◉ 問題の重要性を強調する

　だから、自分の仕事は何かと考えるとき、「自分が好きなこと」だけでなく、**「皆が困っていること」を見つける**のも1つの方法です。問題はなるべく大きい方が、自分が入っていって問題を鮮やかに解決したり、その手助けをしたりするのがカッコ良くなるでしょう。

　問題の大切さを強調するにはどうすればいいでしょうか？　まず、**この問題を放っておくと大変なことになる**、と言うのが1つの方法でしょう。たとえば、温暖化問題はそのままにしておくと、異常気象になって災害が起きる。だから、ストップしなければならない。もう1つは、**この問題を解くとすごく良いことになりそうだ**、ということ。たとえば、ガンが治るようになったら、病気の苦しみは少なくなります。平均寿命も長くなって人類が幸福になるのは確実です。どちらにしても、大事な問題だから何とかしなければならないという感じが出てきますね。

この問題を放っておくと大変なことになる

OR

この問題を解くと良いことが起こりそうだ

課題7-2 前問で考えた問題がもし解決したら、どんな利益が考えられるか？　解決しなかったらどんな不利益があるか？　列挙して書いてみよう。

◉ 自分にできるサイズになっているか？

　一方で、問題の大きさは、自分が解決できるものでなくてはいけません。たとえば「人類を救いたい」なんて、あまりに大きすぎて、何をやればいいのか分からない。もちろん、そのうち、自分の力が付けば人類救済もできるかもしれない。でも、最初は小さいことから始める。それができると、自信やスキルが付く。だから、その次はちょっと大きな仕事に取り組める…。現実は、そういう順序で進んでいきます。

　さて、**今の自分には、何ができそうか？**　それを見極めるのも自分の仕事を考える第一歩です。人手が足りないだけなら、自分も皆がやっているところに加わって、力を出せば良い。これは簡単ですね。今までの仕事はそういうものが多かった。ある会社が何かをもうやっている。自分もそれをやりたい！　後は熱意や努力や丈夫な体をアピールすれば良かった。

　でも、これからはそういう仕事は少なくなるでしょうね。どこの会社も新しいことをやらなければ、会社が続いていくかどうかも怪しい。何か新しい仕事はないかと皆探している。そういう分野は、まだ問題も解決法があやふや。どうしたらいいか誰も知らない。扱うための知識や技術も足りない。だけど今そういう知識・技術を持っていなくても、それを手に入れるために自分は努力できるか？　今まで身につけたことで、何か役立ちそうなことはないか？　そうやって、できそうなことの見当をつけていくわけです。

◉ やれそうなことでないと、人はやらせてくれない

　つまり、ただ「私がやりたいです」と手を挙げるだけでは、「自分がやりたいこと」はやらせてもらえない。**周りから「この人にやらせたら何とかできそうだ」と思われなければいけない**のです。自分ができそうなこと、

7. 問題の大切さを強調する

興味を持って努力できそうなこと、こんな能力があるので、やったらきっとできるはず、などの要素が書けて、初めて「この人ならできそうかな」と思ってもらえ「じゃ、君やってみたら？」と言われる。でも、そのためには、そういう材料を示す必要があるわけ。

| できそうなことと思われる | ← | 自分に裏付けとなる材料が必要 |

課題7-3 課題7-1の問題ができそうかどうか検討してみよう。できそうなときは、その裏付けを探し、そうでないときは、どうすればできそうか、考えて書いてみよう。

⊙ 材料を探す

自分がやってきたことから、材料が見つけられるでしょうか？　たとえばクラブ活動とか、学校のゼミでの研究とか、社会奉仕活動とか。種類は何でもいい。自分が今までやってきたことで、その問題と関係ありそうな活動はないだろうか？　あるいは、前に読んだ本で感銘を受けたこととか…そういう**活動／経験と、自分のやりたいことの接点がどこか見つかれば**いいのです。

もちろん、そういう接点はある程度実質がないといけない。本で読んだことはただ「感動しました」と言うだけではいけない。どこに感動したのか？　なぜ感動したのか？　どんな風に感動したのか？　どんなことを思ったのか？　自分なら何ができると思ったのか？　いろいろ書いてみる必要があります。

課題7-4 課題7-1の問題をやりたいと思ったきっかけとは何か？　いつ、どこで、どうして、どのように「やりたい」と思ったのか？　書いてみよう。

⊙ 善意だけでは不十分

　私の友人に、発展途上国で貧困層の子どもたちの生活支援をしている人がいます。そういうところには、学生がよくボランティアにやってくる。ところが…友人はこう言います。

　「善意は分かるけど、ちょっと迷惑なんだ。だって、仕事のやり方が分からないから、こっちが教えてやらなくっちゃいけない。トラブルが起きたら、尻ぬぐいもこちらがしなくちゃならない。かえって忙しくなっちゃうんだよね。ボランティアする前に、こっちが何をしているのか、何を求めているのか、どうすれば喜ぶか、自分でも調べてきてほしいんだ」

　仕事も同じことでしょう。何かしようと思ったら、**善意や熱意だけではうまく行かない**。何が必要なのか、何をしたら喜ばれるのか、予め調べておき、どうしたら自分が応えられるのか、用意しておかねばなりません。

　<u>仕事ができる</u> ＝ <u>何が必要とされるか考えておく</u>

　もちろん、現場では思い通りに行かないこともしばしばです。でも、考えたことは無駄にはなりません。何が必要なのか、とあらかじめシミュレーションができていて初めて、思いもよらなかった事態に適応できる。そもそも考えることさえしなかった人が、予想外に起こった問題に頭を働かせて解決できるはずがありません。
　さて、自分がよく問題を考えていることを他人に分かってもらうには、未来への展望を示す方法もあります。この問題はどう拡大しそうか？　どんな意義を持つか？　どうなれば、もっといい状態になるか？　など。「い

7. 問題の大切さを強調する

ろいろ、よく考えているんだな〜」と、読む人も思ってくれるかも。最後に、ある学生が書いた「やりたいこと」の例を挙げてみましょう。今までの注意を考えながら読んでください。

> 　私は、農産物のブランド戦略をやってみたい。現代では、農産物は豊富に出回り「安くておいしい」というだけでは、消費者にアピールできないと思うからだ。実際、アパレル企業では「ルイ・ヴィトン」などのブランドがあることで、服やハンドバッグが、顧客から支持されて高い利潤を得ている。農産物のような成熟した市場でも、自社製品やサービスに優れたイメージを結びつけられれば、まだ可能性があるはずだ。
>
> 　たとえば、私の生まれ育ったH県A島のタマネギやレタスは、京阪神では農産物として高い評価を得ており、A産と名乗るだけで需要は大きい。私は生産者の実情を知るために親戚の家で農業実習を行い、タマネギの収穫を手伝った。A島では多くの工程が人の手で行われているので決して楽な作業ではない。ブランド・イメージは地道な努力によって保たれているということを実感した。このようなブランド・イメージは強力だ。だから、海外から安価なタマネギを輸入し、A島と表示した段ボール箱に詰め替えて出荷していたなどという事件も起こる。たんなるタマネギではなく、A島産であることが重要になるのだ。
>
> 　私は、商学部で「販売戦略」を学んだが、その手法がまだ適用されていない分野は残されていると思う。第一次産業が主たる産業になっている地方はまだ多い。もちろん、農業にはいろいろな規制があるので簡単ではないと思うが、そこに最新の「販売戦略」を取り入れて、地方おこしにつなげられれば、というのが私の夢だ。

8 しりとりの原則で文章をなめらかにする

> **この章で学ぶポイント**
>
> 文は主語と対象を関係づける仕組みである
> 情報の大切さには順番がつけられる
> 前の文の最後に述べた言葉を、次の文の冒頭で繰り返す

◉一文は一メッセージが基本

　さて、これからの章は、今まで書いた文章をもっと厳密なものにする手法を学びます。厳密とは、すごくきっちりしていることです。レポートや論文で書かれる文章にはこの厳密性が求められます。志望理由書で求められるレベルから少し先に進むわけですね。

　文は、3つの要素からなっています。主体（主語）と行動（action）、それにその対象です。つまり「〜が…を（に）何々する」の形です。そうでなければ、「〜は…である」の形になります。こちらは、要素が「〜」「…」の2つのようですが、よく見るとそこにもう1つ「である」が入っています。「である」は「〜」「…」のふたつをつなぐ言葉で、これも数えれば3つの要素と言えましょう。

　このように、**文は主語と対象を関係づける仕組み**になっています。つまり「〜と…はこんな風に関係しています」ということを読み手に伝えているわけです。これは、間に副詞や形容詞などの修飾部分があっても同じ。

8. しりとりの原則で文章をなめらかにする

だから、メッセージは「～が…を（に）何々する」あるいは「～は…である」と整理されます。

課題8-1 以下の例文のメッセージは何か？

> 私の生まれ育ったH県A島は、穏やかな気候に恵まれて「花とミルクの島」と呼ばれるほど農業や酪農が盛んな島である。

◉ 文を整理する

この文で、修飾部分をカッコに入れると次のようになります。

（私の生まれ育った）H県A島は、（穏やかな気候に恵まれて「花とミルクの島」と呼ばれるほど）（農業や酪農が盛んな）島である。

カッコの部分を取り去ると「H県A島は、島である」。A島には「島」という名前がすでについているので、これは当たり前。読む方としてはむしろ「どういう島なんだろう？」と疑問がわきます。それに対する答えは「農業や酪農が盛んな」です。さらに読者が「どのくらい盛んなのか？」と疑問を持てば「穏やかな気候に恵まれて『花とミルクの島』と呼ばれるほど」と程度が示されます。さらに「語り手とH県A島の関係は何か？」という疑問には「私の生まれ育った」と情報が与えられる。

大切なのは、**文を読んで得られる情報の大切さには順番がつけられる**ことです。まず「どういう島か？」が大切で、「どのくらい盛んなのか？」は「農業や酪農が盛んな」が理解された後でなければ意味を持ちません。つまり、「どういう島か？」への答えの方が大事なメッセージなのですね。

どれが大切かは、たいてい自然に判断されるのですが、たくさんメッ

セージが含まれると、混乱してしまいます。だから「このメッセージは大切ですよ」と際立たせたい場合は、なるべくシンプルな形にするのがいいでしょう。つまり「〜が…を（に）何々する」または「〜は…である」という形です。

課題8-2 次の文を「〜が…を（に）何々する」または「〜は…である」などのシンプルな形に書き換えてみよう。

> 　私の生まれ育ったH県A島は穏やかな気候に恵まれて「花とミルクの島」と呼ばれるほど農業や酪農が盛んな島であり、古代から朝廷に食材を献上する「御食国（みけつくに）」として万葉集などにも記述が見える一方で、近年、品種改良・土壌改良などを積極的に導入した結果、A島の食材は優良ブランドとして認知されている。なかでも、特産品のタマネギやレタスは、「ほんまもん」ブランドとして好評を博している。

◉まず、長い文を短くする

ずいぶん一文が長い。声に出して読んでみると、途中で何が何だかこんがらがってきます。「〜が…を（に）何々する」または「〜は…である」を中心としたシンプルな形に整理してみましょう。

> 　私の生まれ育ったのはH県A島だ。穏やかな気候に恵まれて「花とミルクの島」と呼ばれる。農業や酪農が盛んだ。古代から朝廷に食材を献上する「御食国（みけつくに）」として、万葉集などにも記述されている。近年は、品種改良・土壌改良などを積極的に行った。A島の食材は優良ブランドとして認知された。特産品のタマネギやレタスは、「ほんまもん（本物）」ブランドとして好評を博している。

8. しりとりの原則で文章をなめらかにする

　一文を短くすると、１つ１つの文の意味するところがはっきりしてきますね。A島の「農業が盛ん」な感じがよく分かると思います。ただし、こういう風に整理してみると、それぞれの文のメッセージがどれも同じように大切になるので、段落にたくさんメッセージが並び立ち、今度は、段落全体で何が重要なメッセージなのか分からなくなるのです。

◉ 文章を流れるようにする工夫

　それを防ぐには、段落の最初にポイント・センテンスを置くのが良いと前に言いました。つまり、段落全体で一番言いたいことを、最初に置く。そうすると、その印象が一番強くなって、段落全体を性格づけるわけです。

> 　私の生まれ育ったH県A島は、農業や酪農で有名だ。穏やかな気候に恵まれて、「花とミルクの島」とも呼ばれる。実際、万葉集にも「御食国（みけつくに）」、つまり朝廷に食材を献上している場所として記されている。近年、この島の食材は、品種改良・土壌改良などを積極的に行ったこともあり、優良ブランドとして認知されるようになった。とくに、特産品のタマネギやレタスは、「ほんまもん」ブランドとして好評を博している。

　こちらの方が短い文の集合より、流れるような感じが出てきませんか？　まずA島の「農業や酪農」が盛んなことを印象づけたいので、冒頭に出しました。これがポイント・センテンスです。そのため「A島は私の生まれ育った島だ」という内容は一文にせずに、修飾部に戻しました。これくらいの長さだったら、分かりにくいというほどのことでもないですね。

　第二文目は「農業や酪農」に関係する言葉「穏やかな気候」から「花とミ

ルク」につなげて、次の「食材」を導き出します。さらに次の文は「食材」を頭に出して「ブランド」につなげ、最後の文は、その例を出してイメージを強めています。つまり単語が次のようにつながっているわけですね。

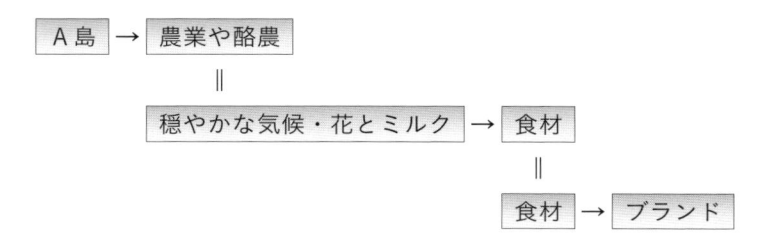

```
┌──────┐    ┌──────────┐
│ A島  │ →  │ 農業や酪農 │
└──────┘    └──────────┘
                 ‖
         ┌──────────────────────┐    ┌──────┐
         │ 穏やかな気候・花とミルク │ → │ 食材 │
         └──────────────────────┘    └──────┘
                                        ‖
                                  ┌──────┐    ┌────────┐
                                  │ 食材 │ →  │ ブランド │
                                  └──────┘    └────────┘
```

◉しりとりの原理

「A島」という冒頭の情報が「農業や酪農」につなげられ、同じ内容を指す「花とミルク」で受けられる。この「花とミルク」は文末で「食材」とつながり、さらに「食材」が「ブランド」という目指す言葉とつなげられます。この「ブランド」戦略が「やりたいこと」なので、A島に生まれ育った自分の経験が「やりたいこと」とスムーズにつながったことになります。

このように、文章をなめらかにつなげるためには、たんに、文を短くするだけでは不十分です。むしろ、**前の文の最後に述べた言葉を、次の文の冒頭で繰り返すことが有効**です。そうすると、イメージが連なって言いたいことにつながる。これを「しりとりの原理」と言います。この原則とポイント・ファーストを併用することで、文章は、明確なメッセージを持ちながら、よりなめらかに結論に向かって進んでいくのです。

　　私は、農産物のブランド戦略をやってみたい。現代では農産物は豊

8. しりとりの原則で文章をなめらかにする

富に出回り、「安くておいしい」だけでは消費者にアピールできないからだ。むしろ、その消費品の持つイメージが売れ行きを決定する。実際、アパレル企業では「ルイ・ヴィトン」などのブランドによって、服やハンドバッグが顧客から支持されて高い利潤を得ている。農産物のような市場でも、自社製品やサービスに優れたイメージを結びつけられれば、まだ可能性があるはずだ。

　たとえば、私の生まれ育ったH県A島は、農業や酪農で有名だ。穏やかな気候に恵まれ、「花とミルクの島」とも呼ばれる。実際、万葉集にも「御食国（みけつくに）」、つまり朝廷に食材を献上している場所として記されている。近年、この島の食材は品種改良・土壌改良などを積極的に行ったこともあり、優良ブランドとして認知されるようになった。とくに、特産品のタマネギやレタスは、「ほんまもん」ブランドとして好評を博している。だから、海外から安価なタマネギを輸入し、A島と表示した段ボール箱に詰めて、不正に高い利潤を得ようとするなどという事件も起こる。偽物が出てくるほど、ブランド・イメージは強力なのである。

　私は、商学部で「販売戦略」を学んだが、その手法がまだ十分適用されていない分野は残されていると思う。もちろん、農業にはいろいろな規制があるので簡単ではないと思うが、そこに最新の「販売戦略」を取り入れて、第一次産業が主たる地方の振興につなげられれば、というのが私の夢だ。

課題8-3 この文章を音読して文章の流れを実感した後に、課題6-5に書いた「自分のやりたいこと」を書き直してみよう。

❾ 二つの方向から読者を納得させる

> **この章で学ぶポイント**
>
> 前提を言い換えていって結果につなげる
> 理屈だけでは、人は納得しない
> ロジックとイメージの両方を使うことで納得が得られる
> 例示は証拠の役割を果たす

⦿ ロジックはしりとり

　論理的な文章の目標は、相手に「なるほどね！」と納得してもらうことです。そのためには、理屈（ロジック）と例示（イメージ）２つをセットで用います。誰かの言うことが正しいか正しくないかは、その理由などの理屈（ロジック）を調べることでだいたい確かめられます。

　たとえば「二等辺三角形の底角は等しい」という定理は、どうやって「なるほど！」と思わせるかというと、「三角形の二辺が等しい（＝二等辺）」という前提から始まって、そこから当然だと言える結果を次々に積み重ねていくと、最後には「（２つの）角の角度が等しい」となるプロセスをたどることで得られます。つまり、「三角形の二辺が等しい（＝二等辺）」を次々に言い換えていって、「（２つの）角の角度が等しい」つまり「底角が等しい」につなげばいいのです。

9. 二つの方向から読者を納得させる

三角形の二辺が等しい →(ならば) Aである
A →(ならば) B
… →(ならば) X（しりとりのようにつなげる）
X →(ならば) （２つの）角の角度が等しい

つまり、論理（ロジック）とは、前提を次々に言い換えて、しりとりのようにつなげていく技法のことなのです。前の章で、単語をしりとりのようにつなげていくと分かりやすい、と言いましたが、その元には、こういう論理（ロジック）の仕組みがあるわけです。

課題9-1「私にはリーダーシップがある」ということを人に納得させるにはどのように言い換えたらいいか？　考えて200字以内で書いてみよう。

⦿ 理屈を展開する

　上の問題は、まずリーダーシップについての定義から出発するといいでしょう。人によっていろいろな定義がありますが、たとえば「人が信頼してついてくる」能力と言えそうです。では、そういう信頼はどのようなときに出てくるか？　「困難なときに自分から解決策を提案し、それに基づいて人を動かした」ときはどうでしょうか？　そういう経験があるのなら「自分にリーダーシップがある」と主張できそうですね。つまり、次のようになります。

　リーダーシップ＝困難なときに自ら解決策を提案し、それに基づいて人を動かす
　　　↓
　困難なときに自ら解決策を提案し、それに基づいて人を動かす＝人が信

頼してついてくる
　　↓
人が信頼してついてきた経験が多い＝リーダーシップがある
　　↓
私にはリーダーシップがある

　これを1つの文にして「私にはリーダーシップがある」と主張するためには、「私にはリーダーシップがある」をポイント・センテンスにしなければならないので、ちょっと順序が違ってきます。細部でちょっと表現も変えてありますが、本質は同じことです。

> 　私にはリーダーとしての資質があると思う。具体的な解決策を示して、人を動かそうと努力すると、人は信頼してついてきてくれる。その信頼を得る能力がリーダーシップだろう。そういう経験を私は大学時代に積み重ねてきた。

課題9-2「自分の長所」を1つ考えて、それを人に納得させるにはどのように言い換えたらいいかを考えて、上のようにメモしてみよう。

◉風が吹けば桶屋が儲かる

　この原理は「風が吹けば桶屋が儲かる」とも表せます。知っていますか？ 風が吹けば、砂が舞い上がる。砂が舞い上がると、それが目に入って眼病が増える。江戸時代だとそういう人はあんまになったようだ。あんまは三味線を持つ。三味線には猫の皮を張る。猫が殺されてネズミが増える。ネズミが増えると桶をかじる。風呂桶の修理で桶屋に注文が増え、桶屋が儲

9. 二つの方向から読者を納得させる

かる。ざっと、こんな感じです。

　まず、最初の**前提を言い換えていって結果につなげる**。今度は、その結果を前提に据えて、次の結果を引き出す。さらにその結果を新しい前提に据えて…という風に次々につなげていって、言いたい結論を引き出す。これがロジックの基本です。前回やった「しりとりの原則」と同じですね。というより、なぜ「しりとりの原則」を使うかというと、こういうロジックの性質と相性がいいからです。

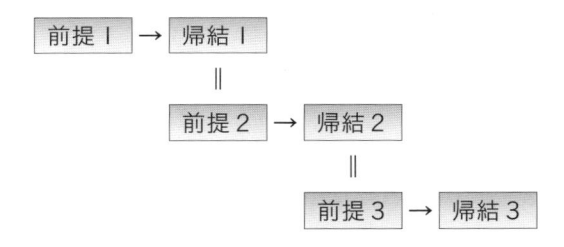

```
前提１ → 帰結１
          ‖
        前提２ → 帰結２
                  ‖
                前提３ → 帰結３
```

> **課題9-3** メモに基づいて、自分の長所を説得的に説明する150字程度の文章を作ってみよう。

⦿ 理屈だけでは説得力がない

　さて、論理をつなげるだけで、人は納得してくれるでしょうか？　そう簡単ではありませんよね。「風が吹けば桶屋が儲かる」だって、一見正しそうだけど、よく見ると内容がおかしい。それは、それぞれの言い換えは成り立ちそうですが、現実をよく見ると成り立たないことが分かるからです。

　だって、砂が舞い上がったくらいで、そんな「眼病が増える」でしょうか？　それなら、砂漠地帯の人はすごく眼病の人が多そうですが、そんな

ことはない。目にはまつげがあるし、風防めがねを使うなど工夫すれば、砂が入らないようにできるはず。一見理屈が通っているようでも、細かく検討してみると、現実とは結びつかないことも出てくる。だから「理屈が通る」だけでは納得できないのです。

◉例示を使って説得する

それと同じで、どんなに「私にはリーダーシップがある」という理屈が立ったところで、それが現実に適用できることが示されなければ、人は「そうか！」とは感じないものです。理屈だけでは現実を説明するのに不完全なのですね。

理屈だけでなく、心から（あるいは感覚から）納得させたい場合は、例示を使います。「困難なときに自ら解決策を提案し、それに基づいて人を説得し動かした経験」を具体的に出せばいいのです。具体的経験は、経歴などを見れば確認できますから、正しいか誇張されているか、すぐ分かります。例示は具体的証拠として、論理を裏付ける役目をします。つまり、**ロジックとイメージ（例示）の両方を出すことで、初めて読者の納得が得られる**わけです。

◉例示の書き方

例示は、たいてい「たとえば」という接続詞で始めます。それから、実際に自分の身に起こったことを述べていく。とりあえず、先ほどの「自分にはリーダーシップがある」に対応する例示を書いてみましょう。

> たとえば、私は大学ではずっと合唱団に属し、年に一度行われる定期演奏会の進行役をしていた。演奏会はホールの手配、予算の編成、

9. 二つの方向から読者を納得させる

> 当日までのスケジューリング、指揮者・オーケストラとの打ち合わせなど、多くの要素からなっている。とくに、オーケストラ・ソリスト・ホール担当者と綿密に打ち合わせを重ねないと、こちらの意図を的確に実現できない。ある年などは、一か月前に重要なソリストが都合で出られなくなるなどアクシデントがあったが、私は落胆する団員たちを励まし、急遽代役を探した。幸い、一週間ほどで別のソリストが見つかった。その過程では団員たちの不安も大きかったろう。しかし、一人一人が危機感を共有することで、その年の演奏会は、いつにもまして成功であるという評価を先輩からも得ることができた。

「リーダーシップ」とか「困難なときに自ら解決策を提案し、それに基づいて人を説得し動かす」なんて抽象論を言われてもイメージできない人でも、これなら分かるはずですね？　たしかに、いろいろな人との「打ち合わせ」は大変そうだし「一か月前に重要なソリストが都合で出られなくなる」は「困難」です。それをまとめたのだから、この人の力量は相当なものだという印象を与えられそうです。

裁判でも、よく「心証」と言いますね？　どんなに「後悔しています」なんて言ってもダメで、後悔している証拠として何をしたのか？　が問われます。つまり、**例示は言葉の証拠の役割を果たす**のでなくてはならないものなのです。理屈だけでなく、必ず例も出しましょう。もちろん、逆も言えます。例を出したら、その裏付けとなる理由・説明も出しましょう！

課題9-4 課題9-3に対応する例示＝証拠を書いてみよう（300-400字）。

10 具体例を編集・整理する

> **この章で学ぶポイント**
>
> 理由・説明と例は一対一に対応させる
> 理由・説明を具体例にあわせて作り替えてもいい
> 理屈と例示を正確に対応させるとよりクリアになる

◉ 論と例の一致

　前の章では、読者を説得するには、理屈と具体例の2つが必要であることを述べました。つまり、同じ内容を理屈と具体例の2つのやり方で書かなければならないのですね。とすれば、理屈で書いた部分（理由・説明）と具体的に書いた部分（例示）は一対一に対応させなければなりません。

　「一対一対応」は知っていますか？　たとえば「AとBは一対一に対応する」とは、Aにある内容はBにもあるし、逆にBにある内容はAにもある、という関係になっていることです。ここなら、**理由・説明と例は一対一に対応する**のだから、理由・説明にある内容は例にもあるし、逆に例にある内容は理由・説明にもあるわけです。だから、理屈と具体例がそういう関係になっているかどうか、いちいちチェックしなければならないでしょう。これを「論と例の一致」と言います。

Aの内容　　　　Bの内容
　a1　　　⟶　　b1

10. 具体例を編集・整理する

```
a2  ⟶  b2
a3  ⟶  b3
```

> **課題10-1** 前回の課題9-3、9-4で「論と例の一致」ができているかどうか、チェックしよう。

⦿ 初めから「対応」はできない

　とはいっても、理屈を書いた後に、具体例を書いて「ヒャッホー、ちゃんと一致した〜」なんてことはめったにあるものではありません。なぜなら、現実の出来事は、そんな風に都合良くできているわけではないからです。富士山だって、綺麗な形に見えるのは頂上を含むほんの一部分なので、だんだん下に下がっていくと、道路やトイレが見えたり、人家が出てきたり、さらに下に行くと町になってゴチャゴチャする。「綺麗な富士山」を表すには、そういう道路やトイレ、人家や町を切り捨てて、いわゆる「富士の絵」になりそうな部分だけを抜き出すわけです。

　具体例もそれと同じです。思いついた具体的イメージを書いても、そこにはいろいろ余計なものがくっついている。それをキレイに整理しなければ「富士山の絵」、つまり理由・説明の証拠にはならない。逆に、現実の富士山をいろいろ見ているうちに「麓にあるゴチャゴチャも結構面白いぞ」と思うかもしれない。そうしたら、それを絵の中に取り入れるのもいい。つまり、**理由・説明の方を具体例にあわせて、作り替えてもいいのです**。要はバランスがとれていればいいのです。

| 理由・説明 | ⇄ | 具体例 |

バランスを見ながら相互に調整する

⦿ 具体的にやってみる

では、前の章の例文に基づいて「論と例の一致」を作っていってみましょう。理屈の部分と例示の部分を一緒にすると次のようになります。

> 私にはリーダーとしての資質があると思う。具体的な解決策を示して、人を動かそうと努力すると、人は信頼してついてきてくれる。その信頼を得る能力がリーダーシップだろう。そういう経験を私は大学時代に積み重ねてきた。
>
> **たとえば、**私は大学ではずっと合唱団に属し、年に一度行われる定期演奏会の進行役をしていた。演奏会はホールの手配、予算の編成、当日までのスケジューリング、指揮者・オーケストラとの打ち合わせなど、多くの要素からなっている。とくに、オーケストラ・ソリスト・ホール担当者と綿密に打ち合わせを重ねないと、こちらの意図を的確に実現できない。ある年などは、一か月前に重要なソリストが都合で出られなくなるなどアクシデントがあったが、私は落胆する団員たちを励まし、急遽代役を探した。幸いにして、一週間ほどで別のソリストが見つかったが、その様子を見て危機感を持った団員たちが頑張ることで、その年の演奏会は、いつにもまして成功であるという評価を先輩からも得ることができた。(429字)

⦿ それぞれの要素をチェックする

まず、理屈にある要素が具体例にもあるかどうか、チェックしてみましょう。まず、第一段落では、リーダーシップを３つの要素で定義しています。

1. 困難な問題に具体的な解決策を示す

2. 人を説得して動かそうと努力する
3. 信頼して人がついてくる

　さて、これらの要素に対応する内容が、第二段落にあるかどうか、調べてみましょう。まず「定期演奏会の進行」ですが、「多くの要素」「綿密に打ち合わせを重ねないと」などの言葉から「困難な問題」であることは確かのようです。「ソリストが都合で出られなくなる」などという事態は、その極めつけでしょう。そういう困難でも「急遽代役を探す」のは解決策でしょうし、そのおかげで「いつもにもまして成功」だったというのですから、解決策は成功したわけです。

　さて「人を説得して動かそうと努力する」はどうでしょうか？　これも具体例の「落胆する団員たちを励まし」などと対応しそうです。「信頼して人がついてくる」も「その様子を見て危機感を持った団員たちが頑張る」とつながりそうですね。これで、**1**から**3**の要素は、すべて具体例にもあったことになります。

◉ **不十分なところはないか？**

　ただ、問題も残っています。それは**2**の「説得」。「励ます」は果たして「説得」でしょうか？　「励ます」というと「大丈夫だよ。できるよ」などと感情的にサポートすることで、理屈で相手を「なるほど」と思わせる要素は少なそうです。そういう要素を具体例に入れてみましょう。

> …出られなくなるアクシデントがあった。重要なソリストだったので、団員たちはパニックに陥ったが、私は「あきらめることはない」と諭して、徹夜で作った交渉可能なソリストの表を見せた。それを見た団

> 員たちは手分けをして片っ端から電話をかけ、三日後にはソリストが決まった。

　これなら感情的になった団員たちに対して、「私」が冷静かつ具体的に団員たちを導いていったことが分かり「説得」の感じがより出てきた感じになります。最後の「信頼」も、次のように発展させられるかもしれません。

> 結局、こんなアクシデントがあったおかげで、団員たちの結束力は高まり、その年の定期演奏会はスタンディング・オベーションに終わるなど大成功だった。とくに、歴代の先輩たちからの評価も高かったことは誇らしかった。

　「結束力」とさりげない表現ですが、もちろん「私」の努力が、皆の気持ちを高めたのは明らかです。「信頼」の面はこれで強調されるでしょう。

⦿ 理屈の方を変えられないか？

　逆に、このように書くことで、初めの理屈＝定義の部分も変えることができます。たとえば、具体例で「結束」が出てきたので、それを使って、リーダーシップの定義に**結束**という要素を入れることができます。第一段落の第3文以降「解決策を示して、人を動かそうと努力すると、人は信頼してついてきてくれる。そういう信頼を得る能力がリーダーシップだろう」を次のように書き換えます。

> 具体的な解決策を示すことで、人を動かそうと努力し、人々の信頼を勝ち得て、**結束**してことに当たらせる。そういう信頼感を集団の中に

10. 具体例を編集・整理する

作っていく能力がリーダーシップと言えるだろう。

最後に、これらすべての要素を入れて例文を書き直しておきます。**理屈と例示に対応をつけるとクリアさが上がる**ことが実感できると思います。

> 私にはリーダーとしての資質があると思う。なぜなら、困難なときに自ら解決策を提案し、それに基づいて人を説得し動かした経験が多いからだ。具体的な解決策を示すことで、人を動かそうと努力し、人々の信頼を勝ち得て結束してことに当たらせる。そういう信頼感を集団の中に作っていく能力がリーダーシップと言えるだろう。
>
> 実際、私は大学では合唱団に属し、年に一度行われる定期演奏会の進行役をしていた。これはホールの手配、予算の編成、当日までのスケジューリング、指揮者・オーケストラとの打ち合わせなど、多くの要素からなり、綿密に打ち合わせを重ねないと、こちらの意図を的確に実現できない。ある年などは、重要なソリストが出られなくなるアクシデントがあった。団員たちはパニックに陥りかけたが、私は「あきらめることはない」と諭して、徹夜で作った交渉可能なソリストの表を見せた。それを見た団員たちは手分けをして片っ端から電話をかけ、三日後にはソリストが決まっていた。
>
> 結局、こんなアクシデントがあったおかげで、団員たちの結束力は高まり、その年の定期演奏会はスタンディング・オベーションに終わるなど大成功だった。とくに、歴代の先輩たちからの評価も高かったことは誇らしかった。（450字）

課題10-2 前回書いた自分の文章の論と例が一致するように書き直そう。

11 将来のビジョンと自分の能力

> **この章で学ぶポイント**
>
> 問題はたいてい矛盾や対立の形になる
> 具体例や体験などを入れ込むと信用度は増す
> 当然出てくる疑問に対しては一定の解決を予想する
> どういう方向で頑張りたいのか読み取れるようにする

◉ 問題と解決の形を強調する

　第7章で「やってみたいこと」は「問題と解決の形」で書けばいいということを学習しました。将来に向けて、どんなことをやりたいかは、皆が困っている問題を自分が解決するという方法で書けばいいのです。それを解決すれば大きな利益になるし、それを放置しておくと大変な不利益になる。それを自分は解決できるという方向にもって行くわけですね。

　さて、第7章の終わりに「農産物のブランド化」をしたいという学生の文章を紹介しましたね（第7章45ページ参照）。この章では、これを素材に、第7章で学んだことが、どのように活かせるか、具体的に学んでいきたいと思います。

◉ 問題の形は正しいか？

　まず、問題と解決の形を明確にしましょう。第7章の文章では、あっさりと「農産物のブランド戦略をやりたい」というところから始めたのです

が、自分の将来の希望は「問題に対する解決」になるとすると、こういう解決＝希望につながる問題は何でしょうか？　それは、日本の農業がうまくいっていないので困るという問題でしょう。

　日本の農業は、どんな問題を考えているのか？　よく言われるのは、まず国際競争力がないということです。アメリカ・中国など、安い外国産の農産物に押されて売れない。これは、労賃などコストが高すぎて、価格での太刀打ちができないためでしょう。

　この窮状を何とかしようと、政府は農業に補助金を出しています。ところが、そのおかげで、作業効率も落ち、品質も向上しない。状況はますます悪くなる…こんな矛盾や対立の形があると、何かしなきゃいけないという感じが出てきます。**問題はたいてい矛盾や対立の形になる。**整理すると以下のようになります。

　日本の農業は衰退しつつあると言われる。まず労賃が諸外国に比べて高く、国際競争に耐えられない。農家は大きな票田なので、政府は補助金を出しても守ろうとする。ところが、国際競争から保護されたため、合理化が進まず、生産コストも下がらない。

課題11-1 課題7-1、7-2で書いた自分の将来のビジョンの元となる問題が、矛盾・対立などの形になっているか、チェックしてみよう。もしなっていなければ、問題と解決の形に書き直そう。

⦿解決にどうつなげるか？

　その問題に対する解決は、前にも述べた「農産物のブランド戦略」にもっていきたい。では、どうすれば、そういう解決にもっていけるか？　その

ヒントはアパレル産業のブランド化です。では、アパレル産業のブランド化はどう行われているのか？　それをもっと説明しましょう。

> 　このような状況を改善するには、農産物のブランド戦略が有効だと思う。労賃は物価との関係によって決まるので、急激に下げることは難しい。したがって「安さ」で競争することは難しい。しかしながら「品質」ではまだ勝負ができるはずだ。実際、アパレル企業では、ずっと前から市場が成熟して、製品機能の差異は少なくなっているが、「ルイ・ヴィトン」などのブランドを利用することで、特定のメーカーの服やハンドバッグが、顧客から支持されて高い利潤を得ている。農産物も、自社製品やサービスに優れたイメージを結びつけ、「ブランド化」することができれば、まだ可能性があるはずだ。

⦿ きちんと根拠を説明する

　ここでは、アパレル産業と農業が似ている、と説明しています。つまり、衣料も農産物も、商品・産物間にそれほど大きな機能の差はなくなっている。バッグではものが入ればいいし、タマネギやジャガイモなら食べられればいい。しかし、バッグではデザイン、食料なら美味しさ・扱いやすさ・色など別のところで価値がつけられる。

　これらの要素は、第一に重要な性質ではないけれど、それでも消費者に大きく影響します。たとえば、中国では、赤くて大きいというので、日本のリンゴが大人気だとか。そう考えれば、服やバッグと農産物はかなり似ており、アパレル産業のやり方が農産物にも適用できそうです。

11. 将来のビジョンと自分の能力

> **課題11-2** 解決とその根拠付けが成り立つか？ パートナー同士でチェックしてみよう。うまくいっていないときは、どうしたらいいか対案を出してみよう。

⦿ 例示して信頼性を高める

　ただ、理屈だけではなかなか信用されないので、そこに**具体例や体験などを入れ込んでやると、ずっと信用度は増す**と思われます。

> 　たとえば、私の生まれ育ったH県A島のタマネギやレタスは、京阪神では質の良さから高い評価を得ており、A島産と名乗るだけで需要は大きい。私は生産者の実情を知るために、親戚の家でタマネギの収穫を手伝ったことがあるが、多くの工程が人の手のみで行われているので、決して楽な作業ではない。それでも、手間と工夫を惜しまないことで、安全性と品質が保証され、15%近くもプレミアムがつけられるという状況に感動を覚えた。

⦿ 多様な方向から検討する

　ここまでくると、日本の農業もちょっと有望そうな感じがしてきましたね。これなら十分やっていけそうかな？　……などと簡単に考えてはいけません。自分がよく考えたという印象を与えるためには、思いつきで「いいな」と思ったのではなく、問題を多様な方向から検討した、という内容にする方がいいでしょう。

　それには、読者から、当然出てくるであろう「ブランド化する問題点はないの？」という疑問に対応して、ブランドの偽装問題を取り上げておきましょう。アパレルでもこの問題は悩みの種。**当然出てくる疑問に対して**

は一定の解決を予想しておけば、さっきより「農産物のブランド化」は現実味を帯びてきそうです。

> ただ、ブランド確立にはもちろん問題も出てくる。なぜなら、ブランド偽装という問題が生じやすいからだ。実際、数年前には、海外から安価なタマネギを輸入し、A島と表示した段ボール箱に詰め替えて出荷していた、などという事件も起こった。こういう産物が出回ると「味が落ちた」という評判が立ち、あっという間にブランド価値は消失する。つまり、ブランドを守るには、たんに良い農産物を作るだけでは足りない。むしろ、こういう事件が起こっても、適切な法的な処置がとれるように、システマティックな生産をしなくてはならないのだ。

課題11-3 最終的な解決になるまでに、さらなる問題は考えられないか？　その問題への対応はどうするか、考えて書いてみよう。

⦿自己アピールから謙虚な姿勢へ

最後に「システマティックな生産」という言葉が出てきたことに注意しましょう。これは、次に「私ならできる」という内容をアピールするためのつなぎになっています。つまり「ブランド戦略」を進めるには、従来のような農業経営ではダメで、自分のような「ブランド戦略」を学んだ人間でなければ担えないのだ、と自己アピールをしているのです。

もちろん、大学で数年学んだくらいで、すぐ農業に適用できるほど、現実は甘くない。日本の農業がこういう姿になったのは、それなりの歴史があったからで、簡単に変えられない。あえて厳しい言い方をすれば、ここの「私」のような「若造」に簡単に変えられるはずがない、と大人たちは

11. 将来のビジョンと自分の能力

思っているはずです。

　そういう大人の気持ちも予想して、最後は謙虚な感じになるようにしたらどうでしょうか？　つまり、現実の困難を十分分かっているとは言えないが、それなりの予想・覚悟はしていると言うわけです。これだと「尊大だ」「空気を読めない」という批判もかわせそうです。気負いを見せつつ謙虚さもにじませれば、バランスがいいはず。

　たしかに、農業にはいろいろな規制があるので、アパレル産業のようなシステムはすぐに導入できないかもしれない。しかし、「販売戦略」という発想を入れれば、まだまだ競争できる農産物はあるはずだ。私は、商学部で「販売戦略」を専攻したが、その手法をもう少し適用することで、日本の農業の可能性はかなり広がってくると思われる。第一次産業が主たる産業になっている地方はまだ多い。農産物のブランド化を通じて、地方おこしにつなげられれば、というのが私の夢だ。20年後、30年後の日本を見据えて頑張りたいと思う。

　このように、自分の解決についても、その不十分なところを自覚しているのなら、最後の「頑張りたいと思う」もなぜなら、努力の方向が見え、現実味が出てきます。ただ「頑張る」だけでは不十分。**どういう方向で、どんな風に頑張りたいのか、文章から読み取れる**ようでなければ、具体性に欠けます。

課題11-4 自分の何が「強み」なのか？　それにつながるキーワードは何か？　考えて、最後の結びを書いてみよう。

12 過去のエピソードをどう語るか?

> **この章で学ぶポイント**
>
> 他人は自分と関わる限りでのあなたの能力や面白さを求める
> 相手とともに何ができるか、相手の利益になりそうなことを考える
> 志望理由書も小論文も、実は同じ構造をしている

⦿ 自分と他人の距離とは?

　第5章で、自分の体験を書くときには、物事が起こった順序に書くべきではない、相手の期待にあわせて書くべきだ、と述べました。今回は、そのことを論文・レポートとも関係づけ、少しくわしく説明してみましょう。

　自分自身に対する関心と他人のあなたに対する関心とは違います。自分にとっては、過去からのつながりや積み重ねで今の自分ができあがっていると感じられる。そういう自分と、あなたは、これからもずっとつきあっていく。だから、時間の順序に大きな意味があるわけです。

　でも、他人は違います。他人は、あなたと、仕事とか遊びの場とか部分的にしかつきあいません。あなたとつきあうのは、そういう場がうまく行くためです。だから、**他人は自分と関わる限りでのあなたの能力や面白さを求める**。極端に言えば、あなたがその場にいることで、自分（つまり他人自身のことですが…）が気分良くいろいろできさえすればいいのです。

課題12-1 3つの異業種の会社を想定して、相手に意味があると思われる自分の特質・スキルを挙げてみよう。

12. 過去のエピソードをどう語るか？

⦿ 過去に対する他人の興味

　だから、他人は、あなたの過去それ自体にはあまり興味を持ちません。知りたいと思うときは、あなたといっしょにいる場を（利益を上げることも含めて）どれだけ気分良く過ごせるだろうか、と判断したい場合に限ります。

　たとえば、あなたが「リーダーシップがある」とか「協調性がある」とか言ったとしても、他人は「本当かな？」と疑ってみるわけです。どのくらいリーダーシップや協調性があるか知りたいな。そういう場合に、「リーダーシップを発揮した体験を話してくれない？」とか、「協調性があるという証拠を見せてくれない？」と興味を持って聞いてくるわけです。

　家族のように、あれやこれやと何でもあなたに興味を持ってくれるわけではない。たとえば「こいつは私たちにどういう利益をもたらしてくれるのか？」そういう目で眺めている……ちょっと冷たいみたいだけど、他人はそういうものである、ということを肝に銘じておきましょう。

課題12-2 面接で「私の特質は笑顔です。いつも友達から笑顔がいいねと言われます」と答えた。あなたが面接者だとしたら、この答えをどう評価するか？良い点と悪い点を1つずつ考えて書いてみよう。

⦿ 志望理由書の書き方・面接での語り方

　面接や志望理由書（エントリーシート）も、そういう他人との関係を元にして考えなければなりません。まず、**相手とともに何が一緒にできるか、相手の利益になりそうなことを考えるべき**でしょう。相手が会社なら、その事業の中で、自分が何に貢献できそうか想像して「これならできると思います」と相手に提案する。これが「未来のヴィジョン」に当たるわけです。

　それが、相手の利益になりそうなら、当然、相手はあなたに興味を持ち

ます。そこで、相手は（つまり面接者や人事担当などですね）「本当？ どのくらいできるの？」と確かめようとするでしょう。それで対話が始まるわけです。あなたは、その疑問に対して「このぐらいできます」と過去のデータ・体験を元に示さなければなりません。

　　　　　　　　　　　裏付け
| 未来のヴィジョン | ← | 過去のデータ・体験 |

◉質問に対処する

　どのように過去に触れればいいのでしょうか？　たとえば、大学での専攻や過去の活動はどうでしょうか？　「私は、工学部で自動車の駆動部分を研究しました」などと答えれば、自動車を扱う会社の興味を引くかもしれません。でも、外食産業だったら「なんで、自動車のことを勉強したのに、わざわざ、うちの会社を志望したの？」と聞いてくるでしょう。そうしたら「実は、…」と別なエピソードをきっかけとして話さなければなりません。たぶん、クラブとか学校外での活動と関係してくるでしょうね。とにかく、何らかの経験や技能をアピールして、自分が「これだけできる」と述べなければならないのです。

　もちろん「これだけできる」と言うからには、相手が納得するための何らかの具体的な証拠も必要でしょう。たとえば、学会発表とか大会での順位とか賞の授与とか、あなたの活動を客観的に表す過去の資料が示せれば、もっといいですね。そういうものがあれば、どれくらいできそうか、だいたい見当がつくからです。

課題12-3 自分の持つさまざまな特質・スキルについて、パートナーから質問を3つ受け、それに答えてみよう。

そういう客観的な証拠が乏しい場合はどうするか、ですって？「ボクはあまり大学で、人に言えるような活動をしてこなかったから」。たしかに賞をもらうなどの経験を持つ学生は多くないかもしれません。それでも、学内にもいろいろ発表の機会はあるでしょう。ゼミなどで発表したら教授にほめられた、という程度の体験でもあるなら、ないよりはましです。どんな発表をしたらほめられたのか、どんな点をほめられたのか、それからその論点はどうなったのか、その後のフォローがあったのかなど、くわしく思い出して、材料を探しておきましょう。

⦿ 面接・志望理由書における過去・現在・未来

　つまり、面接とか志望理由書では、まず自分の未来のヴィジョンを示して、その保障となる過去の実績を提出しつつ、現在の「私はここに入りたい」という決意を伝える、という時間の仕組みになっているわけです。過去から現在につながり、未来へと続くのではなく、**まず未来へのヴィジョンがあり、それからその裏付けとなる過去が物語られ、「これをやりたい」という現在の決意につながっている**わけです。

面接・志望理由書の時間構造　　　　　自分の生活実感そのまま

未来の提示		過去
↑サポート　現在の決意		現在
過去の実績		未来

⦿ レポートを書く場合への応用

　実は、レポートを書く場合でも、以上のような書き方・述べ方の基本は同じです。レポートでは、まず「問題」が出されます。その問題に対して、こ

のような「解決」が可能ではないか、というヴィジョンが出される。その裏付けとなる理屈を出し、それを過去に明らかになった事実で裏付ける。さらに、相手が出してきそうな質問・疑問を予想して反論することで、自分の現在言いたいことを強化する。第11章の文章は志望理由でしたが、そこの「…やりたい」という希望を「…べきだ」と主張に変えれば、そのまま小論文になります。

> 日本の農業は国際競争にさらされて衰退しつつあると言われる。農家は大きな票田なので、政府は補助金を出して守ろうとする。その結果、かえって合理化は進まず、若者にとって魅力的な仕事ではなくなっている。もっと農産物の価値を上げて、産業としての将来性を開拓すべきだ。**（問題）**
>
> 農産物の価値を上げるには、農産物のブランド戦略が有効だ。労賃は、諸物価との関係によって決まるので、急激に下げることは難しい。したがって「安さ」で競争することは難しいが、「品質」ではまだ勝負ができる。実際、アパレル企業では、以前から市場が成熟し、製品機能の差異は少なくなっているが、「ルイ・ヴィトン」などのブランドを利用することで、特定のメーカーの服やハンドバッグが、顧客から支持されて高い利潤を得ている。農産物も、自社製品やサービスに優れたイメージを結びつけ「ブランド化」できれば、まだ可能性があるはずだ。たとえば、H県A島のタマネギやレタスは、京阪神では質の良さから高い評価を得ており、A島産と名乗るだけで需要は大きい。手間と工夫を惜しまないことで、安全性と品質が保証され、15％近くもプレミアムがつけられる。**（解決・根拠）**
>
> ただ、ブランド確立にはもちろん問題も出てくる。なぜなら、ブラ

> ンド偽装という問題が生じやすいからだ。実際、数年前には、海外から安価なタマネギを輸入し、A島と表示した段ボール箱に詰め替えて出荷していた事件も起こった。こういう産物が出回ると「味が落ちた」という評判が立ち、あっという間にブランド価値は消失する。つまりブランドを守るには、たんに良い農産物を作るだけでは足りない。むしろ、こういう事件が起こっても、適切な法的な処置がとれるように、システマティックな生産をしなくてはならないのだ。**(反対意見予想＋反論)**
>
> 　農業には様々な規制があるので、アパレル産業のようなシステムはすぐには導入できないかもしれない。それでも「販売戦略」という発想を入れれば、日本の農業の可能性は広がるはずだ。第一次産業が主産業になっている地方はまだ多い。農産物のブランド化を通じて、地方おこしにつなげる道を探るべきだ。**(結論)**

　なんだか新聞の社説みたいな感じになりましたね。今までやってきたことを応用して、そこの「私が…やりたい」という部分を一般化すれば、すぐにでも「論文」の形になるのです。

課題12-4 第8章で考えたことを元に、日本社会・経済についての小論文（レポート）を書いてみよう（800～1,000字）。

⓭ 過去・現在・未来をつなげる

> **この章で学ぶポイント**
> 最初に書いたことは途中でも変わらず、結論でも繰り返される
> 一貫した志望理由書・エントリーシートには「やる気」が感じられる
> 未来のプロジェクトを現在プランニングする＋現在の信用の元は過去にある
> 共通の枠組みを利用して、自分を理解してくれる人々のネットワークを作る

⦿ 論理的文章には一貫性が必要

　自分の考えを書いた文章には、一貫性が必要です。一貫性とは、最初に書いていることと中程に書いていること、それに最後に書いていることが同じ内容であることです。

　物語の文章では、最初から手の内をすべて見せたりしませんよね。途中から、徐々に大切なところが明らかになる。と思ったら最後に近くなって、あっと驚く「ドンデン返し」とかが出てきて、今まで思っていたことが根底から突き崩される、なんて場合も出てきます。

　でも、論理的文章には「ドンデン返し」はありませんし、あってはいけません。自分の立場は、いつでも同じままで、反対になったり２つに分かれたりしません。**最初に書いたことは、途中でも変わらず、最後の結論でも繰り返される**。これを「論理的文章の一貫性」と言います。「結論部では新しいことを書いてはいけない」というのは、論理的文章の鉄則です。

13. 過去・現在・未来をつなげる

> **課題13-1** 上の文章は、書き方が良くないところが1か所ある。どこがおかしいのか、どう直せばいいのか、指摘してみよう。

◉エントリーシートの時間構造

　同様のことは、志望理由書で構成される自分のイメージについても言えることに注意しましょう。実際の人生は物語と同じで、最初からどうなるかは分からないまま始まり、「これは絶対いい」と思ったことが途中でおかしくなって失敗したり、逆に「たいしたことない」と思ったことが重大な影響を及ぼしたり……そんな偶然が後から振り返ってみると全体を作っているように思えるのです。

　でも、志望理由書やエントリーシートに書かれる「自分」の像はそんな断片の組み合わせではいけません。将来なりたい／やりたいものが提示されると、そのきっかけとなった体験・経験が過去から呼び出され、それが現在の決意を支え、その決意の固さが将来なりたい／やりたいことの実現可能性を支え、それをサポートする体験・経験がさらに呼び出され、それが……というように、グルグル循環しながら、決意を強めつつ明確にしていく仕組みになっているわけです。

[過去・現在・未来の構造]

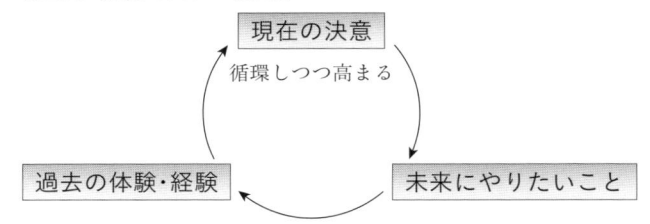

　　　　　　　現在の決意
　　　　　　↗　　　↘
　　　循環しつつ高まる
　　　↖　　　　　　↙
　過去の体験・経験 ← 未来にやりたいこと

077

⦿ 志望理由書・エントリーシートの読まれ方

　読んでいる方も、**一貫した構造になっている志望理由書・エントリーシートを見ると「やる気」を感じる**のです。なぜなら、こういう志望理由書・エントリーシートは、「人生の偶然」を変えよう！　という意志表明になっているからです。次々に起こってくる偶然の出来事に負けたり流されたりしないで、自分のやりたい／なりたいことを一貫して書いているわけですから、これは当然のことですよね。

　もちろん、ただ「頑張ります！」「死ぬ気でやります！」なんて言葉で言っても、あてにはならない。だって、仕事は生きるためにするのだから、普通は死んでまで働かない。だから、あなたが「頑張ります！」と言うのなら、本当にそれができるのか、何かその徴を探す。知り合いの俳優は、あるオーディションで演出家から「叫んでみろ！」と言われて、大声を出し過ぎて呼吸困難で失神したとか。その気迫で、彼は抜擢されたらしい……。

　でも、就職だって働き口を得るという意味では、映画や芝居のオーディションと変わりません。ただ、志望理由書・エントリーシートでは人間がいるわけではないので、叫ばせるわけにはいかない。だから、あなたのここに至るまでの**軌跡、つまり来歴をチェックする**わけです。過去に、それと同じでなくても、それとどこかで似ていたり関連があったりすることを経験していれば「この子は大丈夫そうだ」という心証を得ることになるわけです。

⦿ 自分という人間を信用させるプロセス

　これは、あなたという人間に対する「信用」を創造していく仕組みと同じですね。前にも言いましたが、仕事では何かやったことで「おっ、この

子できるな」と思われて、次のより大きな仕事が与えられる。それをやり遂げると、また信用されて、もうちょっと大きな仕事を任せられる。それができると、さらに……という風に少しずつ進んでいきます。

　就職は、その信用創造プロセスの最初の部分です。この信用が信用を生んでいくという循環がちゃんと成立していることを証明しなければなりません。「働く」という**未来のプロジェクトに対して、現在の自分がプランニングして、そういう自分が信用できる基礎は過去にある**、それら3つを総合して「仕事ができるあなた」のイメージを作っていくわけです。

課題13-2 第11章で書いた志望理由書を、採点者の立場から見直して、その不十分な点を3つ挙げてみよう。

◉ 社会化・客観化の大切さ

　こういうプロセスは、社会化とか客観化とか言われます。「客観」とは、他の誰が見ても同じように思うことです。反対語は「主観」。自分だけが思っていること。私たちは、いろいろなことを「あれはこうだ」とか「自分は…できる」と心の中で考えます。でも、その段階だけでは「主観」にすぎない。他の誰も同意してくれません。

　他の人から、自分の考えに同意してもらうためには、自分だけで思っているだけではダメ。それどころか、その考えを言うだけでもダメかもしれない。実際に、やってみせなければ、普通は納得してもらえません。他人はけっこう冷たいものですね。でも、自分だけでやってみせられるのなら、何も他人に言う必要はない。黙ってやってみせて「さあ、これを見ろ！」と言えばいいのです。そうすれば「なるほど」と言うはず……でしょうか？

⦿ 自分で意味づける

　残念ながら、それほど現実はシンプルではありません。それは、社会の中で情報は平等に行き渡っていないことが原因です。ある問題が大切だと分かっている人もいれば、分かっていない人もいる。「さあ、これを見ろ！」と言っても、やったことの意味が分からない人もいる。そういう人は、あなたのやったことを目の前にしてさえ、そのすごさが分からない。意気揚々と見せたのに「だから、何なの？ So what?」なんて聞き返されたら、がっくり来ちゃいますね。

　筆者も、野球やゴルフのことは全然興味がない。だから「××の投球はすごいんだぞ」なんて言われて、その投球を実際に見せられたって、何がすごいんだか、さっぱり分かりません。でも「普通は130km/hしか出ないのに、彼は145km/hで投げられるのだからすごい！」と言われれば、よく分からないながらも「なるほど、そうか」とちょっとはイメージできる。つまり「平均との比較」という説明が入ってくれば、それが抜きんでていることは理解できるのです。

　こんな風に、人間の興味・関心は様々ですが、それでも、比較だとかデータだとかたとえ話だとか、何かの**価値を理解する枠組みは共通にある**のです。私たちが思ったこと／やったことの価値を理解させるには、こういうものを駆使して、自分の言いたいことにつなげて「なるほど、分かった！」と言わせなければいけません。

　自己アピールとは、そういう意味で、訪問販売みたいな「ひたすら自分を売り込む」ことではありません。**自分の周囲に、自分を理解してくれる、あるいは少なくとも自分の話に耳を傾けてくれる人々のネットワークを地道に作る**ことです。そういう意味では、嘘を書いてはいけないし、誇大表現ももってのほかです。

13. 過去・現在・未来をつなげる

⦿ ある程度の編集行為は許される

しかし、未来に関係ない過去はわざわざ呼び出す必要はないし、たとえ、ささやかな経験あるいは苦い経験であっても、そこに他の人が注目していない価値を見いだすのもかまいません。その意味で、**失敗の経験は書かなくてもいいし、失敗したことを書いても、そこから学んだことさえ強調すれば、それは未来の自分の糧にできる**のです。たとえ手ひどく失敗した経験があっても、そのことがあったおかげで、自分は失敗した人に対する「思いやり」が持てるようになったと意味づければいいのです。

自分の過去は、それだけでは自分を決定しません。20歳前後なら、むしろ、過去の失敗でも、それをどう意味づけるか、で未来を変えられる可能性が高い。そういう体力も気力もチャンスも時間もあるのが、あなたのいる現在なのです。だから、未来につなげるために、過去の自分の失敗も糧にして頑張る、そういう風に、自分の人生を編集することはもちろん許されるのです。

課題13-3 自分の失敗経験を取り入れて、それを未来につなげる意味づけをして、1,200字の志望理由書を完成させよう。

14 提出前の最後のチェック

> **この章で学ぶポイント**
>
> 提出する前に必ずチェックする
> なるべく書いたときの自分から離れて、間違いを見つける
> 言いたいことが明確化すれば構成や表現が工夫できる

⦿ 自分の文章の良し悪しは判断しにくい

　さて、これで、一応「自分のやりたいこと」という志望理由書ないしエントリーシートの骨格ができたわけです。どうです？　感慨無量でしょう。最初のうちは、1,200字なんか書けない、なんて泣き言を言っていませんでしたか？　それが、今は立派に1,000字を越える文章を書いている。立派なものです。とりあえず、自分をほめてあげましょう。

　とは言っても、これで作業が終わったわけじゃない。何でもそうですが、何かをした後は、まずいところはないか、もっとよく表現できるところはないか、必ずチェックをしなければいけません。よくPDCAサイクルなんて言いますね。**提出というActionの前に必ずチェックの時間を取りましょう。**

Plan	→	Do	→	Check	→	Act
構想		執筆		見直し		提出

14. 提出前の最後のチェック

　人間の作業はけっこう間違いだらけです。ちゃんと書いたつもりでも、字や表現の間違い、データの勘違い、構文や接続コトバの間違いなどが山のようにある。こういう種類の間違いは結構目立つ！「あっ、こんなこともできないのか」と思われてすごく損するので、いちいち辞書を引いたり、元の資料にあたったりして、ちゃんと確かめましょうね。

　実を言うと、プロの書き手だって、そんな間違いはしばしばするのです。そんな間違いをしないために、校正という専門職があるくらい。残念ながら、あなたたちにはそんな特別な人はつけてあげられないので、自分でやってくださいね。

　課題14-1 課題13-3について、字や表現、データ、構文や接続コトバの間違いをチェックしよう。

⊙なるべく自分から距離を取って書き直す

　でも、間違いは字句だけではない。全体の構想、アイディア、論理の間違いなどはなかなか分かりにくい。そういう**文章構造に関わる間違いを見つけるコツは、なるべく書いたときの自分から離れること**です。書いたときの熱気をそのままに見直すと、文面を読んでいるようで、実は書いたときの気持ちをなぞっている場合が多い。だから、自分の文章をできるだけ「他人が書いたもの」のように眺める必要があります。

　そのためには、どうするか？　たとえば、**夜書いた文章は朝見直す**といいです。夜には、ときどき異様に筆が進むことがあります。「わー、こんなにぐんぐん書けちゃって、俺って天才かもwww」なんて感じるのだけど、たいていは錯覚にすぎない。そんなに簡単に天才にはなるもんじゃありません。

一晩寝て起きると人間はリセットされます。昨夜、勢いをつけて書いた自分とはちょっと別人になる。それから、朝はシラーッとした気分になっている。そうやって、昨晩熱中して書いた文章を読み直すと「何これ？　全然わっかからねぇ?!」なんて驚くところがたくさん出てくるはずです。

●スリープ・オーバーと音読と批評

　こういう工夫を、スリープ・オーバー（Sleep Over）と言います。つまり、いったん書いたからって、それをそのまま提出するのではなくて、一晩プリント・アウトしたものを枕の下に敷いて、起きてから違った目で見直そうよ、という意味なのです。プロの書き手の中には、いったん書いた原稿をそのまましまっておいて「塩漬け」する人もいます。締め切り間際に見直して（つまり、漬け物の塩を抜いて！）書き直してから編集者に送るのです。

　もちろん、**音読して、文章を自分の耳で聞く**のも１つの方法です。たいてい書くときは、視覚に頼っている。でも、それを「音声」という別のメディアに乗せてやるわけですね。そうすると、印象が違ってくる。

　あるいは、**友人に読んでもらって感想や批評をもらう**のも良い。もっとも、この頃は友達も当てにならない。「いいんじゃない」とか「何か違うね」くらいしか言えない人も多い。こういう人は聞いても無駄。でも、この本で練習してきた人だったら「ポイント・センテンスが足りないんじゃない？」とか「もっと例示を出した方がいいよ！」とか言ってくれるはずです！

> **課題14-2** 上記の3つの方法を試して、課題13-3に何か悪い点・不明な点がないか、チェックしてみよう。

14. 提出前の最後のチェック

⊙ 友人に話すのは考えの整理になる

ちなみに、何を書いていいか、そもそも分からないとき、とにかく思いついたことを友人に話してみる、というのは、とても有益な方法です。不思議なもので、人に話すと自分の言いたいことがはっきりしたり、理解が深まったりする。

有名な昆虫学者のファーブルは化学の知識がなかったのに、知り合いから「個人授業で教えて欲しい」と言われてO.K.したそうです(『ファーブル自伝』)。毎回授業の前に、そのときやる分を読んで、それをそのまま教えたのだとか。それを一年続けたら、たいていの化学についての問題は分かるようになったとか……。

こういう付け焼き刃を推奨するつもりはないのですが、**他人に話すのは自分の理解を深める**ということはたしかです。この本の最初の方でも、論理的文章は対話だと言いました。周りからの突っ込みや疑問を予想したり、実際にそれに受け答えしたりしているうちに、頭が整理されて、思考が進みやすくなるのです。

⊙ 自分で自分の文章を要約してみる

そういうとき、自分の書いた内容を「30字以内で要約する」というのも、有益な方法です。「結局、あなたは何を言いたいの？」と突っ込まれたとき、「こういうことなんです」と一息で答えると、その長さはだいたい30字。筆者の経験では「日本文の一文は30字以内」と考えていい。25字から30字で、だいたいどんなことでも書ける。ただ、その字数だと主語・述語がそれぞれ1つずつ。だから、一番言いたいことしか入らないのです。

課題14-3 課題13-3で書いた文章を、30字以内で要約してみよう。

　自分で自分の一番言いたいことを決めてみると、その他に言いたいことがあっても、優先順位をつけることができます。これが、文章の整理では大事です。たいていの他人は忙しくて、あなたの言いたいことにじっくり耳を傾ける暇がない。だから、せっかちかもしれないけど「で、君の言いたいことは何なの？」と突っ込んでくるはず。そのときに口ごもってしまったら、もうアウトです。集団面接だったら「私の言いたいことは…」なんて、次に控えている人が答えてしまうかもしれない。そうしたら、あなたは発言すらできなくなる。

　だから、最初の瞬間で、相手の頭の中に、あなたの言いたいことをたたき込んでおく必要がある。自分の言いたいことを短い言葉でまとめておいて、冒頭に置くポイント・センテンスの技法は、そのためでしたね。でも、全体を貫くテーマをはっきりさせるときにも、この心構えは重要なのです。「自分は何を言いたいのか？」　これを繰り返し自分に問うているうちに「もっといい説明があるのではないか？」「表現をこうした方が伝わりやすいのではないか？」とアイディアが発展してくる。つまり、**自分の言いたいことがはっきりすれば、その構成や表現についての工夫が生まれ、構成や表現についての工夫をすると、より言いたいことが明確になってくる**、という相乗効果があるのです。

⦿ **書くことの相乗効果**

| 言いたいことをはっきりさせる | ⇄ | 構成・表現を工夫できる |

ちなみに、日本文の二文はだいたい50字。25字から30字×2で、切り詰めれば50字になるでしょう。この字数なら、一番言いたいことと、その根拠を1つぐらい述べられるかもしれないですね。そうすると、論文の基礎的な内容が言い表せます。

課題14-4 課題13-3で書いた文章を、50字以内で要約してみよう。

⦿ぴったりした題名・タイトルをつけられるか？

 要約が面倒な人は、題名・タイトルだけでもつけてみましょう。でも『…と〜』なんて並列の題名は止めましょうね。『…における〜』なんて曖昧なのもダメ。

 題名・タイトルとは、それを聞いただけで「ああ、こんな内容かな？」と見当がつくものでなければならないのです。実際、学者などは、膨大な数の論文を読まなければいけません。でも、時間がないので、論文の題名が書いてある学術誌の目次だけをパラパラとみて、読むか読まないか、を決めるとか。題名って、それほど大切なものなのです。

 とするなら、題名・タイトルは一番短い形の要約と言ってもいいでしょう。もし、題名・タイトルがなかなか決まらないのなら、それは、そもそも何を書きたいか、何を書いてしまったのか、自分でもよく分かっていないという証拠。もう一度、全体を見直し、書き直ししましょう！

課題14-5 課題13-3の題名・タイトルをつけて提出しよう。

15 書いた内容を発表する

> **この章で学ぶポイント**
>
> 音声と文章で表せることはずれている
> 文章をただ読み上げるのではなく、話すべき内容を覚えておく
> 口頭発表では言外に伝わる部分を勘定に入れる
> PowerPointなどで、目と耳の往復を行う

⦿ 口頭発表につなげる

　さて、最後は自分の書いた志望理由書・エントリーシート（あるいは、それを整理した小論文・レポート）の内容を口頭発表する練習をしましょう。大学入試までの試験は筆記試験であることが多いので、口頭での発表 presentation には、あまり慣れていないかもしれませんが、大切な技法です。

　なぜなら、文書だけで就職できるかどうかが決まるわけではなく、必ず面接があるからです。もちろん、何か企画をするときとか、会議で意見を言うときにも、資料に基づいて発表したり、質疑応答したりすることは欠かせません。口頭で発表する機会は、これからもきっと増えるはずです。

⦿ 言語と文章はまったく違うメディア

　そもそも、**音声と文章はまったく違うメディア**です。音声は聴覚に頼り、

15. 書いた内容を発表する

その場で消えていきます。だから、大事な内容を言うときは、声を大きくして強調するなり、身振りをつけるなり、繰り返すなり、なんらかの工夫をしなければいけません。逆に、文章は視覚に頼るメディアなので、忘れても一瞬で該当箇所に戻ることができます。だから、大事な内容でも繰り返す必要はない。それは、読者の方でやればいいことなのです。「とても」「非常に」などの強調も、本来は語勢を強めるための言葉なので、あまり効果はありません。

　当然、音声と文章で表せることはずれています。文章は、冷静に細かいところまで分析したり分類したりする作業が向いています。途中で分からなくなっても、もう一度そこに戻って読み直せるからです。書く方でも、それを見越して複雑な構造にできる。ところが、音声はあっという間に消えてしまうので、細かいメッセージを伝えるのが苦手です。とくに、論理のしりとり（第9章）を正確に追うことがしにくい。いったん、どこかで分からなくなると二度と戻れないので、あまり長い言い換えの連鎖に向いていない。むしろ、大づかみにざっくりとイメージを示したり、感情を表したりすることに向いているのです。だから、理屈に合わないことでも、口頭だと通ってしまうということさえ起きる。

◉『ジュリアス・シーザー』のエピソード

　シェイクスピアの『ジュリアス・シーザー』というお芝居をご存知でしょうか？　シーザーはローマ帝国の英雄なのですが、戦功を立てたために、だんだん勢力が大きくなった。ついには、民主制を止めて、シーザーを皇帝にする動きまで起こった。それを憂えたブルータスたちは、彼を暗殺して民主制度を守ろうとする。有名な「ブルータスよ、お前もか」ですね。

　暗殺後、ブルータスは演説する。「シーザーはすぐれた人物だったが民主

主義を脅かした。だから暗殺するほかなかったのだ」と冷静に述べる。市民たちは一応納得する。しかし、次に政敵アントニーが登場する。彼はブルータスを擁護しつつも、次第にシーザーがいかに市民を思っていたか、いかに気前よく市民に戦争で得た富を分け与えたか思い起こさせる。聴衆が感傷的になったところで、おもむろにシーザーの血まみれの服を掲げ「見よ！　これが、彼が殺されたときに身につけていた衣服だ」と叫ぶ。騒然となる群衆の中で「殺人者」「反逆者」と連呼する。ブルータスは逃げ出さざるを得なくなる……。

　このエピソードは、音声による言葉と文章による言葉の違いをよく表しています。ブルータスはどちらかと言えば文章言葉の使い手。だから、理路整然と冷静に述べる。しかし、人間の心はそれだけでは動かせない。むしろ、音声では、**感情に訴え、感覚を刺激する言葉に動かされやすい**のです。ヒトラーの演説などもそうですね。多少あやしい理屈でも、何度も力強く繰り返されると、つい人間は信じてしまうのです。

◉ 音声と文章のスタイルの違い

　ここから、口頭発表で気をつけることも決まってきます。もちろん、私たちは人の心をかき乱し扇動するのが目的ではない。むしろ、冷静で分析的な内容を説得的に示さねばなりません。しかし、そうするには、口調に気をつけたり視覚的に補ったりと工夫しなければ、十分に伝わらないのです。文章を書くときにも「何を」「いかに」伝えるか、という２つの方向に気をつけなければいけませんが、口頭発表の場合は、その「いかに」が文章と大きく違うので、独自の準備が必要になるのです。文章がうまく書ければ、口頭発表がうまくできるというわけではないのです。

　口調に集中するためには、文章をただ読み上げるのではなく、話すべき内

15. 書いた内容を発表する

容を覚えておかなくてはなりません。何回も音読して、自分が何を言うべきか確認しておきましょう。そのうえで、ここは強調したい、とか、ここはざっと説明するだけでいいな、というところを区分けし、強調部分は、大きい声にするのか、繰り返すのか、身振りをつけるのか、戦略を考えましょう。

　たいていの場合、文章で書いたことをすべて口頭で伝えようとすると、失敗します。口頭発表では、表情や身振りなど、言外に伝わる部分が多いと言われます。声が小さかったり自信がない表情をしたりすると「内容にも自信がないのかな？」と邪推されかねません。逆に大声を張り上げすぎると「緊張しているな」と思われる。ほどよい感じが必要なのです。

◉ 話しかける・対話する

　「ほどよい」感じにするには、聴衆と対話するような姿勢がいいでしょう。相手ときちんとアイ・コンタクトを取り、その人の反応を見ながら話していく。いぶかしそうな表情をしたら、よく分かっていない証拠です。即興で、言葉や表現を補ったりたとえ話をしたり、何らかの対処をしましょう。そのために、相手の出方を予想しておく必要があります。あらかじめ考えた自分の意見を押しつけるのではなく、**質問に対して丁寧に答える用意があることを示す**。そういうフェアでオープンな姿勢や雰囲気が大事です。

　書いてあることを全部話さなくてもいい。いくつか残しておいたら、聴衆の一人から後で質問が出るかもしれない。そうしたら、逆に対話するチャンスです。質問に答えることで、相手の好奇心を満たす。そういう対話は、誰にとっても快感と感じられます。相手と楽しく知的な対話ができることが目標なのです。

そのためには、とくに強調したいことを中心にして、細かいデータなどは「資料を読んでください」で済ませた方が良い場合もある。強調と省略をほどよく使う。文章に書いたことの半分くらいがしゃべれれば十分伝わると思ってください。

⦿ 視覚補助ソフトを使う

口頭だけでは伝えきれない場合は、視覚補助ソフトも使用するといいでしょう。こういうソフトで、よく使われるのは、Microsoft社のPowerPoint。これは、何枚かのフリップをプロジェクターに映すためのソフトです。画面が切り替えられ、話の流れに従ってコンピュータを操作して、今説明していることと対応する画面を見せられます。

課題15-1 PowerPointで「自分のやりたいこと」の発表用資料を作ってみよう。

とくに、話の元になっているデータの数字や図形などを映しながら説明すると、分かりやすくなるし、リアリティが出る。その意味で、現代では、口頭発表をする場合は、PowerPointの使用が必須になると思っていいでしょう。もっとも、就職の面接などで使うのはまれですが……。

⦿ フリップを作る

口頭発表をする場合は、話にあわせたフリップを作る必要が出てきます。たとえば、前に述べた日本の農業の話でしたら、まず、タイトルが必要でしょう。それから、現状における問題を図ないし表のようなもので見やすく表し、質問の形で明示します。それに対する解決策を出し、根拠を挙げる。自分の体験・例示など、具体的イメージは写真・グラフとともに出し

15. 書いた内容を発表する

ましょう。最後に、解決の繰り返しと今後の展望くらいでしょうか？

日本農業を変える！ ―ブランド化の試み	日本の地方は衰退している ①農業の合理化が進まない ②農産物の価値も上がらない ↓ 魅力的仕事場ではない	対処はどうする？ 品質は勝負できる ↓ 「ブランド化」の取入れ (アパレル産業の戦略)
例 H県A島のタマネギ 15%のプレミア タマネギの写真など	問題も残る 偽装ブランド →法的対処 偽装の発生件数グラフなど	結論 販売戦略という発想 →地域おこしへ！

こういうフリップを作ると、自分の言いたいことも明確になる。話とフリップを結合した流れが心地よくなるように、パートナーを聴衆に見立てて、何度も練習するといいでしょう。ときには、フリップや話の順番を変えてみるなど、工夫してみましょう。

課題15-2 15-1で作ったフリップを元に、クラスの皆の前で、動作・表情に気をつけて5分以内で発表して質問に答える。全体の反省会で他人の批評を受けてみよう。あるいは、個人で使う人はiPhoneなどで撮影し、自分の姿をチェックしよう。

課題15-3 終ってから気づいた点を3点メモしよう。

主要参考文献

J. M. Williams, G. G. Colomb "Style" (University of Chicago Press, 2010)
J. M. Williams, Wayne C. Booth, G. G. Colomb "The Craft of Research" (University of Chicago Press, 2008)
木下是雄『理科系の作文技術』(中公新書, 1981)
加藤恭子, ヴァネッサ・ハーディ『英語小論文の書き方―英語のロジック・日本語のロジック』(講談社現代新書, 1992)
河野哲也『レポート・論文の書き方入門』(慶應義塾大学出版会, 2002)
戸田山和久『新版 論文の教室―レポートから卒論まで』(NHKブックス, 2012)
福澤一吉『議論のレッスン』(生活人新書, 2002)
福澤一吉『論理表現のレッスン』(生活人新書, 2005)

編集協力　（株）翔文社
装丁　　　松田行正 + 山田和寛
本文組版　（株）エディット

あとがき

　やってみて、いかがでしたか？　テキストで学習した内容は、ちゃんとトレーニングシートで実現できましたか？　テキストはやさしく書いてあるので、理解すること自体は難しくないと思うのですが、実際書いてみると、なかなかうまくいかないな、と感じた方も少なくなかったのではないか、と思います。

　実は『論文・レポートの書き方』というタイトルの本は、山をなすほどあります。その中には、名著と言われるものも数多い。ということは、「あれでもない」「これでもない」とよっぽど皆困っているのでしょうね。いろいろな方法論があり、その中にはよく工夫されたものも少なくないのですが、なかなか書く実力にまではつながらない、というのが正直な感想です。

　でも、どんなものでも、理解できることと自分が実際にできることの間には距離があります。たとえば、私は政治学や経済学の本を読んで理解することはできますが、政治学や経済学の本を書くことは難しい。理解したことを自分でできることにつなげるには、時間と訓練が必要です。

　当たり前のことですが、文章は書かなければできあがりません。書いているうちに、脳も活発に動き出す。そのうちに、思ってもいなかった内容も表れる。その発見の面白さが書くことにはある。たんに、決まり切ったことを書き連ねるのが文章ではありません。でも、そんな自由を手に入れるには、まずルールに則り、その中で自由に動ける頭脳と身体を作るために訓練をする。その積み重ねの中で、素晴らしいプレイが生まれる。そういうものなのです。

　ただ、自分で試行錯誤しているだけでは、なかなかそういう訓練ができません。私も、日本の大学でさんざん論文・レポートの書き方に苦労したあげく、シカゴ大学の大学院に行って、はじめて「論理的な文章を書くとはこういうことか！」と、目の前の霧が晴れたよう思いました。そのときの感激は、今でも忘れられません。

　この本も、皆さんにとって、そういうきっかけになって欲しいと思います。まったく予備知識がなくても、そもそも論文・レポートを書いたことのなくても、順序立てて一つずつ練習していけば、ちゃんと論理的な文章ができあがる。この技術は一生ものです。身につけていれば、いろいろな場面で人生を切り開いていけるはず。その最初の一歩として、この本が役立ってくれるのであれば、筆者として、これに勝るうれしさはありません。

著者略歴

吉岡友治（よしおかゆうじ）

宮城県仙台市生まれ。東京大学文学部社会学科卒。シカゴ大学人文学研究科修士課程修了。竹内演劇研究所で演出担当後、代々木ゼミナール、駿台予備学校などで小論文・現代文を教える。元東京家政学院大学講師。アメリカのアカデミック・ライティングの技法を適用し、日本語の論理的文章の書き方を方法化した。著書は『公務員論文試験　頻出テーマのまとめ方』『大学院大学編入社会人入試の小論文—思考のメソッドとまとめ方』『リアルから迫る　教員採用小論文・面接』『TOEFLテストライティングの方法』（以上、実務教育出版）『だまされない〈議論力〉』（講談社現代新書）『東大入試に学ぶロジカルライティング』（ちくま新書）『いい文章には型がある』（PHP新書）『必ずわかる！「○○主義」事典』（PHP文庫）『眼力をつける読書術』（東洋経済新報社）など多数

書き込めば身につく！　小論文メソッド

2013年9月10日第1刷発行

著　者：吉岡友治
発行者：株式会社 三省堂　代表者　北口克彦
印刷者：三省堂印刷株式会社
発行所：株式会社 三省堂
〒101-8371
東京都千代田区三崎町二丁目22番14号
電話　編集　（03）3230-9411　営業　（03）3230-9412
振替口座　00160-5-54300
http://www.sanseido.co.jp/

落丁本・乱丁本はお取り替えいたします
©Yuji YOSHIOKA 2013
Printed in Japan
ISBN978-4-385-36528-2
〈小論文メソッド・96+40pp.〉

®本書を無断で複写複製することは、著作権法上の例外を除き、禁じられています。本書をコピーされる場合は、事前に日本複製権センター（03-3401-2382）の許諾を受けてください。また、本書を請負業者等の第三者に依頼してスキャン等によってデジタル化することは、たとえ個人や家庭内での利用であっても一切認められておりません。

1 自分を護るにはどうしたらいいか？

課題 1-1 さまざまなトラブルの中から、とりあえず「自分の身の回りについて」書いてみよう（300～400字）。

年　月　日　番号

氏名

1 自分を語るにはどうしたらいいか？

📖 p.004

課題 1-2 クラスでこのテキストを使う場合は、二人組をつくる。そのうえで、初対面の相手（パートナー）を前に、どんなところが良い点に見えるか、2つ挙げて書いてみよう。

①

②

課題 1-3 自分の短所を3つ挙げて、それを長所として書き直してみよう。

① 3つの短所

② 長所にすると？

年　月　日　番号　　　　　　　　氏名

2 文章の形を整える

課題 2-1 課題 1-1 で書いた文章の口調・文体が口語的だったら、文語的なスタイルに直しましょう。

年　月　日　番号　　　氏名

2 文章の形を整える 📖 p.010

課題 2.2 「私について」について、パートナーに質問を3個考えてもらい、その質問を羅列するようにしよう。

① ……………………………………………………………………

② ……………………………………………………………………

③ ……………………………………………………………………

課題 2.3 パートナーからの質問に答える形で「自分について」を説明しよう。

――――――――――――――――――――――――――――

年　月　日　番号　　　　　　　　氏名

3 主語はなるべく簡単にする

課題 3-1 課題 2-3 で書いた「自分について」が「デスマス調」なら「ダデアル調」に書き直そう（あるいはその逆）。

年　月　日　曜日

番号　　　　氏名

3 主題はなるべく転倒にしよう

課題 3-2 上の文章はどこが良くないか？ 2点指摘してみよう。

① _____

② _____

年　月　日　番号　　　　氏名

3 主題はなるべく軽快にする

課題 3-3 自分がパートの冒頭に同様な点がないかどうかチェックして書いてみよう。

年　月　日　番号　　　　　氏名

3 主語はなるべく簡単にする

課題 3-4 　以上の原則に従って、課題 3-1 の文章を書き直してみよう。

年　　月　　日　番号　　　　　　氏名

4 模擬コメントを使いこなす

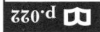

課題 4-1 課題 3-4 で直した「自分について」の最後に、「会社で働く」ことにどうつながる意味づけを行ってみよう。

年　月　日　署名　　　　　　　氏名

④ 接続コトバを使いこなす

課題 4-2 これら3つの意味はどう違うか？ パートナーに3分以内に説明してみよう。

課題 4-3 自分とパートナー双方の「自分について」の文で、接続コトバが効果的に使われているか、チェックして、良くないところを書き直そう。

年　月　日　番号　　　　氏名

5 大事なことは端的に出す

p.028

課題 5-1 「たとえば…」以降に 200 字以内で例を書いてみよう。

（200字詰め原稿用紙）

課題 5-2 自分の長所と短所というタイトルで文章を作ろう。（400〜600字）

（600字詰め原稿用紙、→次頁へ続く）

年　月　日　提出　　氏名

年　月　日　番号　　　　　　氏名

6 自分の趣味・関心に興味はあるか？

課題 6-1 「自分のやりたいこと」を3つ挙げて書いてみよう。

①

②

③

課題 6-2 なぜ、興味・関心を持つか？ その理由を説明してみよう。

年　月　日　番号　　　　　　　氏名

⑥ 自分の適性・関心に原因はある?

課題 6-3 何か1仕事を挙げて、どんなことが面白そうか、3つ挙げて書いてみよう。

①
②
③

課題 6-4「やりたいこと」は今の自分にかなえられそうですか? かなえられたら、どうしよう? 困るか? かなわないとしたら、どうすればよいか? その鍵が自分につくか? 考えて書いてみよう。

年　月　日　曜日　　　　　　　氏名

14

⑥ 自分の薄味・鈍感には何がある？ 🔲 p.034

課題 6-5 今までの薄筆をなるべく取り入れて、800字以内で「自分のかたいこと」を書いてみよう。

年 月 日 番号　　　　　　氏名

→次頁へ続く

400

年　月　日　曜日　氏名

❻ 自分の趣味・関心について考えよう

7 問題の大切さを議論する

📖 p.040

課題 7-1 各自が困っている問題を1つ考え，なぜ・どのように困っているか，書き留めてみよう。

① どんな問題か？

② なぜ困っているか？

③ どのように困っているか？

課題 7-2 自分で考えた問題がもし解決したら，どんな利益が考えられるか？ 解決しなかったらどんな不利益があるか？ 列挙して書いてみよう。

① 利益は？

② 不利益は？

年　月　日　曜日　　　　　　　　　氏名

7 問題の大切さを議論する 📖 p.040

課題 7-3 課題 7-1 の問題ができそうか検討しよう。できそうなときは、その裏付けを探し、そうでないときは、どうすればできそうか、考えて書いてみよう。

① できそうか？

② 裏付けは？

③ どうすればいいか？

課題 7-4 課題 7-1 の問題をやりたいと思ったのは何か？ いつ、どこで、どうして、どのように「やりたい」と思ったのか？ 書いてみよう。

① いつ？

② どこで？

③ どうして？

④ どのように？

年　月　日　曜日　　　　　　　　　　　　氏名

8 しりとりの原則にて答えをあらかにする

📖 p.046

課題 8-1
以下の例文のメッセージは何か？

私の生まれ育ったＨ県Ａ町は、穏やかな海岸に囲まれて「花とミカンの島」と呼ばれ、古くは漁業や酪農が盛んな島である。

課題 8-2
次の文を「〜が…を(に)向かする」、または「〜は…である」などのシンプルな形式に書き換えてみよう。

私の生まれ育ったＨ県Ａ町は「花とミカンの島」と呼ばれる古くは漁業や酪農が盛んな島であり、近代からは朝廷に貢物を献上する「御食国(みけつくに)」としての歴史もたどってきて、近年、宮廷貴族・上級貴族などを積極的に導入した事業などにも貢献されている。なかでも、特産品のタチバナノラクは「はなまもん」ブランドとして保護を得ている。

年 月 日 番号　　　氏名

8 しりとりの順則で文章をなめらかにする

📘 p.046

課題 8-3 この文章を音読して文章の流れを実感した後に、課題 6-5 に書いた「自分のよりたいこと」を書き直してみよう。

年　月　日　番号　　　　氏名

→次頁へ続く

8 しりとりの順則で文章をなめらかにする

年　月　日　番号　　　　氏名

→次頁へ続く

008

009

p.046

8 しりとりの順序で文章をなめらかにする

年　月　日　番号　　　　氏名

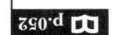

9 二つの方向から誤読を回避する

課題 9-1 「私にはリーダーシップがある」ということを人に納得させるにはどのように書いたらいいか？　考えて 200 字以内で書いてみよう。

|年|月|日|番号|
|氏名|

9 二つの方向から議案を納得させる

p.052

課題 9-2 「自分の短所」を1つ考えて、それを人に納得させるには、どのように言い換えたらよいかを考えて、上のように×モデルをしてみよう。

課題 9-3 ×モデルを元にして、自分の短所を肯定的に説明する150字程度の文章を作ってみよう。

年　月　日　番号　　　　　　　氏名

9 二つの方向から読者を納得させる

p.052

160

課題 9-4 課題 9-3 に対応する例示＝証拠を書いてみよう（300-400 字）。

280

→次頁へ続く

年　月　日　番号　　　　　　　　氏名

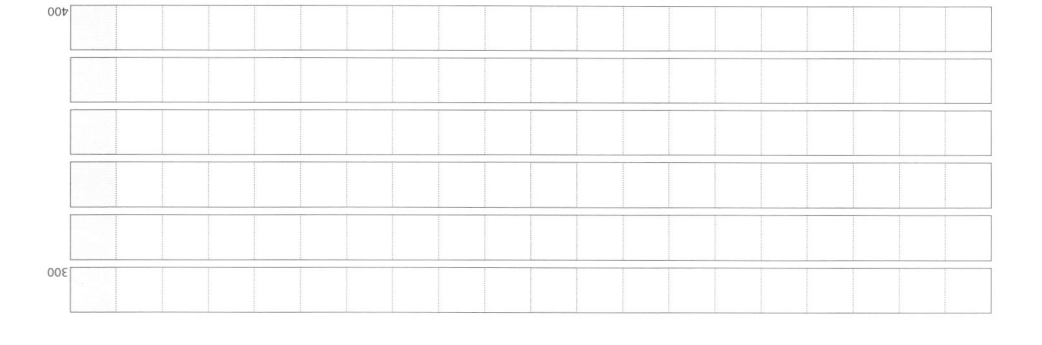

6 二つの方向から誤栄を検信さえる

年　月　日　番号　　　　　氏名

課題 10-1 前回の課題 9-3, 9-4 で「鍵と鈎の一致」ができているかどうか、チェックしよう。

10 身体的な鍛錬・整理する

年　月　日　番号　　　　　　　氏名

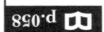

10 具体例を列挙・羅列する

課題 10-2 前回書いた自分の文章の論が一般するように書き直そう。

11 将来のビジョンと自分の能力

p.064

課題 11-1 課題 7, 2 で書いた自分の将来のビジョンを達成するうえで重要・対立となっているか、チェックしよう。もしなっていなければ、問題と解決の形に書き直そう。

① 問題

② 解決

課題 11-2 解決とその根拠付けが妥当か、パートナー同士でチェックしよう。うまくいっていなそうな場合は、どうしたらいいか対策を出してみよう。

年 月 日 番号　　　　　　氏名

11 将来のビジョンと自分の魅力

p.064

課題 11-3 最終的な解決法になるまでに、どのような問題は考えられないか？ その問題への対応はどうするか、考えて書いてみよう。

課題 11-4 自分の何が「強み」なのか？ それにつながるキーワードは何か？ 考えて、普段の練習に繋いていきたい。

年　月　日　番号　　　氏名

12 演者のエピソードをどう語るか？

📖 p.070

課題 12-1 3つの兼業種の会社を想定して、相手に魅力があると思われる自分の特質・スキルを挙げてみよう。

① 3つの業種

② 特質・スキル

課題 12-2 面接で「私の特質は笑顔です。いつも友達から笑顔がいいねと言われます」と答えた。あなたが面接者だったら、この答えをどう評価するか？　良い点と悪い点を1つずつ考えて書いてみよう。

① 良い点

② 悪い点

年　月　日　曜日　　　　　　　氏名

31

12 歌舞伎のエピソードをどう語るか？

p.070

課題 12-3 自分の持ちつまたは特技・スキルについて、パートナーから質問を3つ受け、それに答えてみよう。

① 質問内容

② それに対する答え

課題 12-4 第8章で学んだことをもとに、日本社会・経済についてのレポート（レポート）を書いてみよう（800〜1,000字）。

→次頁へ続く

200

年　月　日　署名　氏名

17 漁業のエビソードをどう語るか？

年　月　日　曜日　　氏名

←次頁へ続く

600

17 漫才のエとノートをどう語るか？

13 通手・道程・米景をつなげる

□ p.076

課題 13-1 上の文章は、書き方が良くないところが 1 か所ある。どこがおかしいのか、指摘してみよう。

① おかしいところ

② どう直せばいいか？

課題 13-2 第 11 章で書いた卒業理由を、読み手の立場から見直して、その十分な点を 3 つ挙げてみよう。

①

②

③

年 月 日 曜日　　　氏名

13 過去・現在・未来をつなげる

課題 13-3 自分の失敗経験を取り入れて、それを未来につなげる意味づけをして、1,200字の実電通用書を完成させよう。

13 過去・現在・未来をつなげる

p.076

800

→次頁へ続く

年　月　日　番号　　　　氏名

年　月　日　曜日　　　　　　　氏名

14 提出物の書き方のチェック

p.082

年　月　日　番号　　　　　　氏名

課題 14-1　課題 13-3について、字や筆遣い、データ、構文や接続コトバの間違いをチェックしよう。

課題 14-2　上記の3つの方法を試して、課題 13-3に如何か遣い点・不明な点がないか、チェックしてみよう。

課題 14-3　課題 13-3で書いた文章を、30字以内で要約してみよう。

30

課題 14-4　課題 13-3で書いた文章を、50字以内で要約してみよう。

50

課題 14-5　課題 13-3の題名・タイトルをつけて提出しよう。

15 書いた内容を発表する

📖 p.088

課題 15-1 PowerPointで「自分のやりたいこと」の発表用資料を作ってみよう。

課題 15-2 15-1で作ったファイルを元に、クラスメイトの前で、動作・条件に気をつけながら5分以内で発表してみよう。全体の反応を他の人の報告を受けてみよう。あるいは、個人で使うiPhoneなどで撮影し、自分の姿をチェックしよう。

課題 15-3 終わってから気づいた点を3点メモしよう。

年　月　日　番号　　　　　　　　　氏名